城好き気象予報士とめぐる名城37

天気が変えた戦国・近世の城

気象予報士
久保井朝美

PHP

はじめに

お城めぐりが好きだけど、なにか物足りないみなさん！

はじめまして。気象予報士の久保井朝美と申します。気象キャスターとしてテレビで天気予報を伝えたり、全国各地の講演会で気象と防災・減災や地球温暖化について伝えたりする仕事をしています。

そんな私がなぜお城の本を執筆することになったのか？　それは、気象予報士になったからこそ気づいたお城の魅力を、みなさんと分かち合いたいと思ったからです。

私が生まれたのは、尾張徳川家の居城だった名古屋城内。三の丸跡にある病院で産声をあげました。育ったのは、徳川家康が生まれた愛知県の岡崎城の城下町です。

家から徒歩5分ほどの場所に岡崎城があり、毎日お城を眺めていました。生活の一部にお城がある環境で成長したためか、気づいたときにはお城の虜《とりこ》になっていました。

そして、小学生のときに長野県の松本城を訪れて、江戸時代以前から現存する天守に心を奪われました。北アルプスを背負った堂々たる姿、あの感動は今も忘れられません。その愛を募らせて、ついには長野県のテレビ局でアナウンサーになり、時間さえあれば松本城に通っていました。

このときは、お城を独自の視点で見るということはありませんでした。天守や櫓《やぐら》などの建物に憧れを抱いたり、石垣や土塁に見惚れたり、お城の持つ〝空気感〟に、ただただ魅了されていたのだと思います。

お城の見方が変わったのは27歳、気象予報士になった頃からです。

「寒冷地の屋根には、赤や緑など特徴的な色が多い」

「美しい壁は、台風への備えかもしれない」

「徳川家康は天気を巧みに使って、短時間で関ヶ原の戦いに勝利したのではないか？」

ずっと好きだったお城や歴史に、今まで抱いたことがなかった疑問や仮説が浮かんできたのです。

気象予報士ならではの知識や気づきをお城と掛け合わせたら、同じ景色がまた違ったように見える。お城を「天気」という新たな視点で楽しめるようになりました。


近年、お城の楽しみ方は多様化しています。

例えば、VRやARによる当時の再現、発掘現場の公開、御城印集め。また、イルミネーションやプロジェクションマッピングで、夜のお城に訪れる機会も増えています。さらには、お城に泊まる「城泊《しろはく》」も、注目を集めているのです。

こうした取り組みの成果はさまざまなところで感じられます。

以前はほとんど人がいなかったお城に、平日にもかかわらずたくさんの観光客が来ていたり、同級生から「今度、山城に行きたいからおすすめ教えて」と聞かれたり。私は父とお城をめぐることが多いのですが、父以外にもお城愛をシェアできる人が増えました。

お城を好きになってくれた人に、もっとお城を楽しんでもらいたい。

「天気」という視点により、一層お城が楽しめるようになった私の経験を伝えたくて、筆をとることにいたしました。

色々な角度からお城を見られるようになればなるほど、お城を深く楽しめます。この本が、お城を楽しむための視点を増やす一助になれば嬉しいです。

久保井朝美

名古屋城にて。三の丸跡の病院で生まれました

岡崎城にて。このまちで育ちました

松本城にて。アナウンサー時代、通い詰めました

目次

第2章 美しきかな！ 城で楽しむ絶景

第3章　天気を読んだ名将

第4章　対談　千田嘉博×久保井朝美

〈会津若松城〉

雪に耐える瓦

上・雪対策で釉薬がかけられた「赤瓦」が白壁に映える。
中・赤瓦が雪に覆われ、真っ白になった天守が美しい

赤瓦を、天守から眺める

雪に耐える瓦

〈丸岡城〉

天守の屋根瓦は、雪に備えて地元産「笏谷石《しゃくだにいし》」が用いられている

北陸で唯一の現存天守

江戸時代に築かれて現存する石川門。雪や寒さに備えた鉛瓦葺《ぶ》きが使われている。海鼠《なまこ》壁《かべ》も美しい

金沢城

鉛瓦が白く光り、
夏でも「雪景色」のよう

2020年に復元された鼠《ねずみ》多《た》門《もん》。珍しい黒漆喰の海鼠壁が見られる。屋根の鉛瓦の変色と、海鼠壁との調和が楽しみだ

高知城

雨に負けぬ材

日本で唯一、本丸御殿と天守の両方が現存している。「土佐漆喰《とさしっくい》」を塗った壁、石《いし》樋《どい》など、鉄壁の雨対策が功を奏したか

追手門《おうてもん》と天守

天守最上階には廻縁《まわりえん》が。黒漆塗りで格式高い

雨の多い地域ゆえ、
石樋が多い！そして、
大きい！

飫《お》肥《び》城《じょう》

本丸跡には、多くの飫肥杉《おびすぎ》が植えられ「いやしの森」に

復元された大手門には、水を吸いにくい地元産「飫肥杉」が用いられている

唐津城

台風や潮風に備える技

本丸から見た、国の特別名勝「虹の松原」。強風や潮風からまちを守っている

海に面している唐津城

鹿児島城

復元された、鹿児島城の御楼門《ごろうもん》。国内最大級の門で、暴風に耐えうる海鼠壁《なまこかべ》が美しい

人吉城

人吉城の急流に面した城壁は、
台風にも強い海鼠壁《なまこかべ》だ

人吉城の多門櫓《たもんやぐら》(復元)。壁の黒い部分は、壁の上に板を張って雨や風への耐性を高める下見板張《したみいたば》り

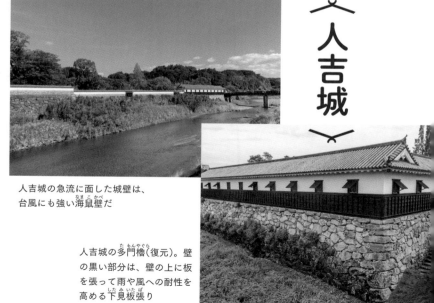

本書で取り上げる主な城37

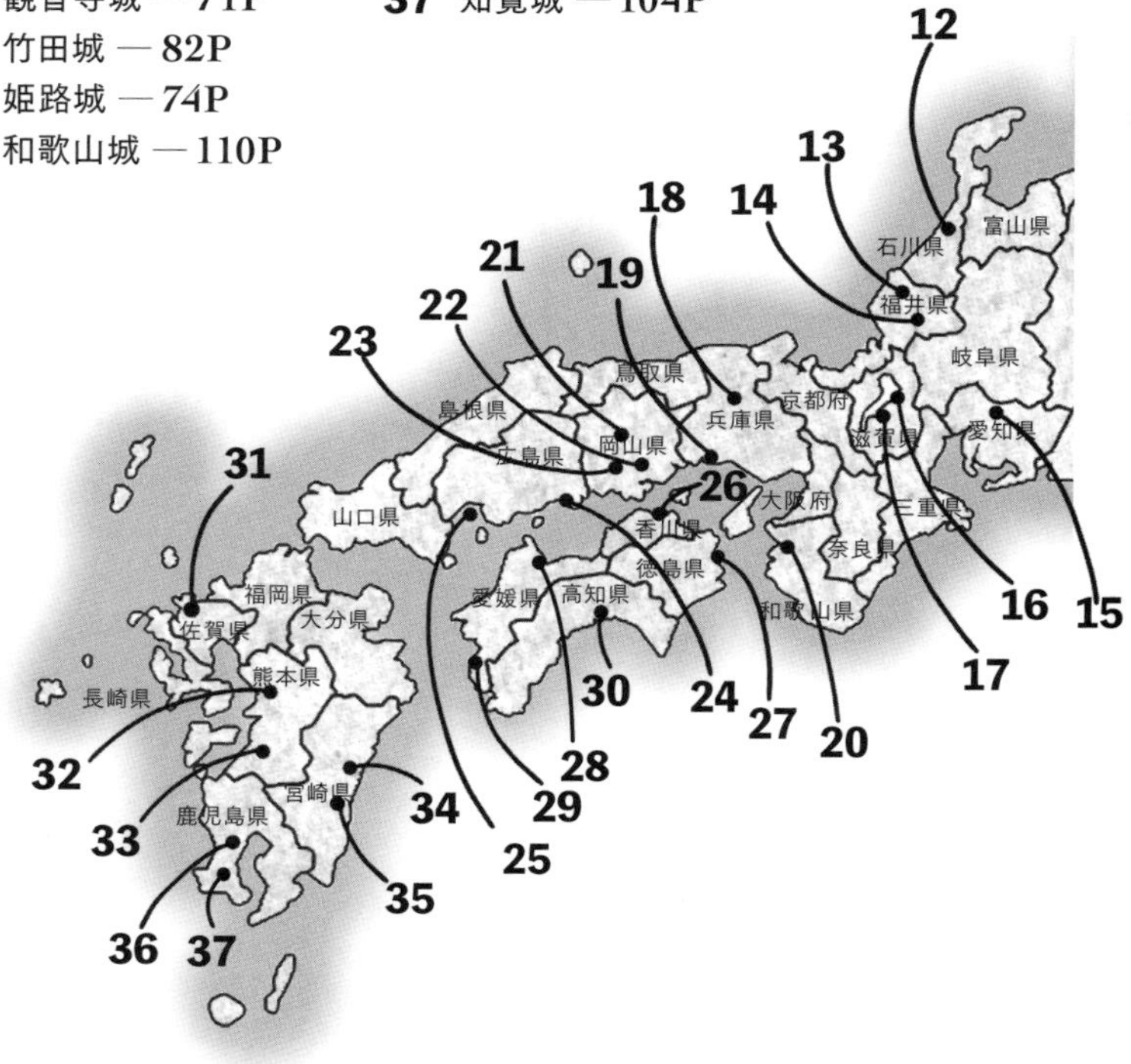
12
13
14
18
19
21
22
23
31
26
石川県
富山県
福井県
岐阜県
鳥取県
京都府
島根県
兵庫県
愛知県
岡山県
滋賀県
広島県
大阪府
山口県
三重県
香川県
奈良県
徳島県
愛媛県
高知県
和歌山県
福岡県
大分県
佐賀県
長崎県
熊本県
宮崎県
鹿児島県
16
15
17
30
24
27
20
28
32
34
29
33
25
35
36
37

第1章
気象と築城技術

日本海側の豪雪地帯などでは、
凍結によるひび割れや
雪の重さによる崩壊などを防ぐ、
さまざまな知恵が見られます。

雪

国指定史跡

福島県会津若松市追手町 1-1
JR 会津若松駅からバス
(鶴ヶ城西口)下車、徒歩約 7 分

福島県

会津若松城《あいづわかまつじょう》

日本で唯一、「赤瓦」を頂いた天守

福島県の気候

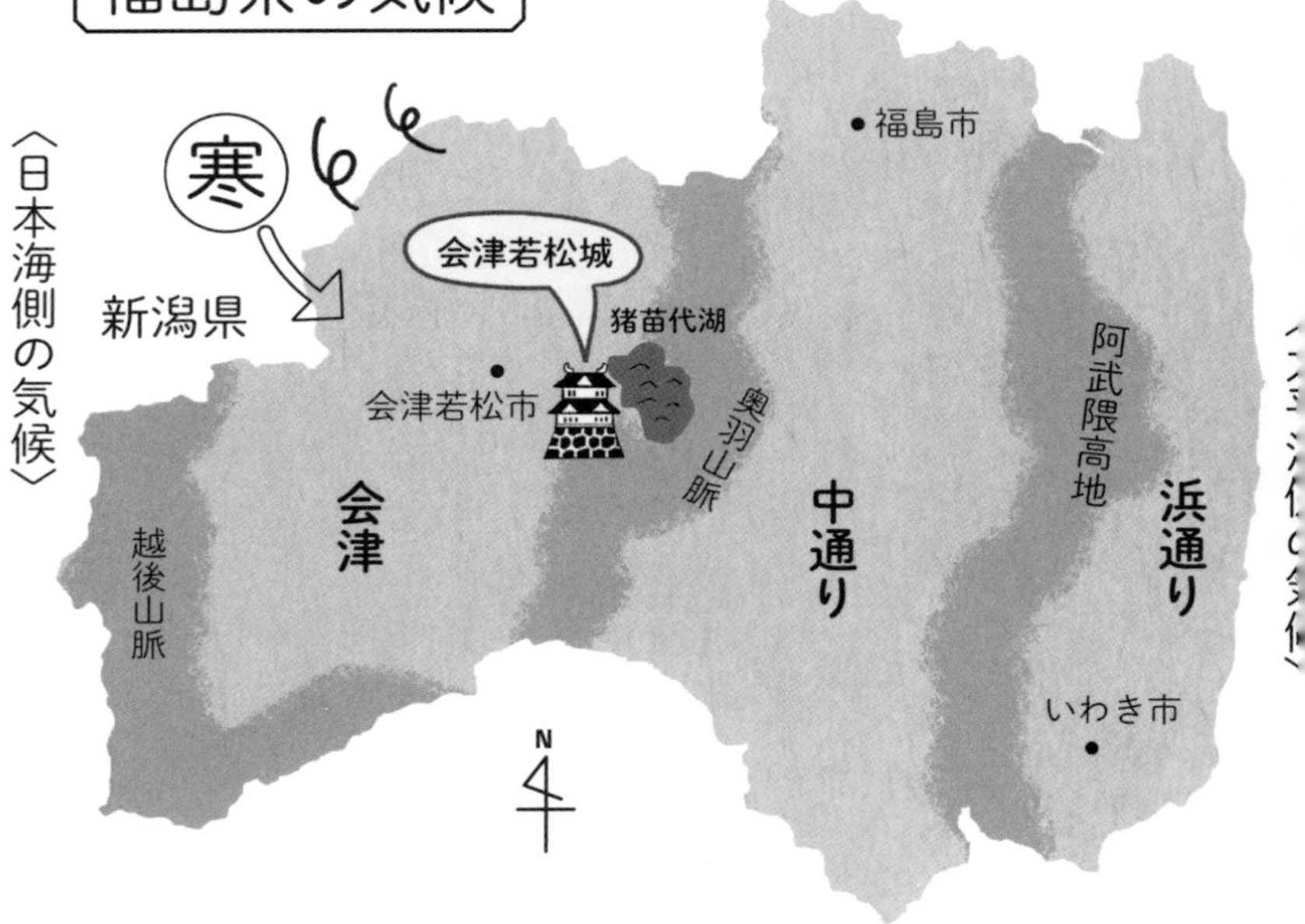

会津は、日本有数の豪雪地帯！

福島県は、全国の都道府県で３番目に面積が広いです。阿武隈《あぶくま》高地と奥羽《おうう》山脈を境に、気候は東西で大きく異なり、いわき市がある浜通り、福島市がある中通り、会津若松市や猪苗代湖《いなわしろこ》がある会津の３つに分けられます。

浜通りは太平洋側の気候、会津は日本海側の気候、中通りはその中間の気候です。

会津若松城がある会津は日本海側の気候ということもあって、冬は雪が多く、寒さが厳しいです。１年間の降水量の半分ほどが冬に降る雪で、豪雪地帯に指定されています。また、日本海から新潟県を通過して冷たい季節風が強く吹きます。会津若松市の東にある猪苗代湖では、波しぶきが強風に吹かれて岸辺の木に着いて凍る「しぶき氷」が見られます。全国的にみても珍しい現象です。

雪解け水や猪苗代湖などの水源に恵まれ、肥沃な土壌で米どころとなっています。

瓦に釉薬をかけて、「凍み割れ」を防ぐ

会津若松城といえば、白い壁に映える赤い瓦（口絵参照）です。紅白の美しい配色にうっとり見惚れてしまうのは、きっと私だけではないはず！

瓦が赤い理由は美を追求したためではなく、豪雪地帯ならではの工夫です。一般的な黒い瓦は粘土でできているので、雪が降ると水分を吸収してしまい、その水分が瓦の中で凍ったときに瓦が内部から割れてしまいます。これを「凍《し》み割《わ》れ」といい、雪が多い地域の建物の課題です。

そこで、水分が瓦の中にしみこみにくくするために、瓦に鉄分入りの釉薬《ゆうやく》をかけて焼きました。窯《かま》の中で高温で焼くことにより鉄が酸化して、瓦の色が赤くなったのです。雪と寒さへの対策をした結果、美しい見た目にもなって、一石二鳥です。

城主・保科正之によって「赤瓦」に

築城当時の会津若松城は黒い瓦で、江戸時代に城主になった保科正之《ほしなまさゆき》が赤瓦にしたと記録があります。保科正之は、三代将軍・徳川家光の弟です。

その後、戊辰戦争《ぼしんせんそう》のときに砲弾を受けて天守が傾いたため、明治時代に取り壊されました。

現在の天守は１９６５（昭和40）年に再建されましたが、はじめは黒い瓦でした。２０１１（平成23）年、赤瓦に葺《ふ》き替えられて江戸時代の姿を鑑賞できるようになったのです。現在、天守に赤瓦を頂いている姿

が見られるのは、会津若松城のみです。

再現された、幕末の「あずき色」

江戸時代、瓦にかける釉薬は改良が重ねられ、赤瓦の色も変化していったといいます。今の会津若松城の赤瓦は、あずき色のようなシックな印象です。これは出土した瓦を分析して特徴を調べ、試作を繰り返して再現された幕末の赤瓦の色です。

天守の中に入ると近くで赤瓦を見られるので、じっくり観察してみてください。機械で生産されているすべて一様な規格品の赤瓦とは違い、会津若松城の赤瓦は、窯の中で焼かれる際に起こるさまざまな条件によって一枚一枚の色やツヤが微妙に異なり、それぞれに〝個性〟があることが分かります。

天守の中からは自然な瓦の味わいを、外からは白い壁との競演を楽しむのがおすすめです。

冬に訪れれば、赤瓦が雪に覆われ、屋根も壁も真っ白な天守が迎えてくれます。豪雪地帯だから赤瓦が生まれたという背景を知ると、雪に覆われていても心配になりません。雪景色の会津若松城を安心して眺めさせてくれる赤瓦に感謝です。

桜と雪の競演も楽しめる

会津若松城では、桜の開花日と満開日を独自に観測しています。過去10年間（2014年から2023年）の平均値をとると、開花日は4月8日、満開日は4月14日です。

会津若松観光ビューロー公式サイトにて1954（昭和29）年以降のデータが公開されていますが、開花日・満開日ともに早期の上位5位はすべて2000（平成12）年以降となっています（2023年時点）。地球温暖化の影響もあり、会津若松城のお花見シーズンは早まっているようです。2023（令和5）年には初めて3月中に桜が開花しました。

天守から見下ろす一面の桜は圧巻で、桜の枝の間から天守を見あげるのも一興です。月見櫓跡から天守を見ると桜が雲海のようで幻想的ですし、色々なアングルでお花見をしたくなります。

また、桜が咲いているときに雪が降ることも珍しくありません。天守を背景に、桜の花びらと雪が共に舞う姿は大変情緒があります。

悲劇の白虎隊は、赤瓦に炎を見たのか？

戊辰戦争のときに、会津藩が、数え16～17歳の少年を集めて組織した白虎隊《びゃっこたい》。彼らは飯盛山《いいもりやま》から会津若松城が燃えているのを見て、「自分たちの会津藩（旧幕府軍）が敗北した」と思い、集団自決をしたといわれています。実際には会津若松城は燃えておらず、城下で起こっていた火事を勘違いしたという説がありま す。また、赤瓦が炎に見えたのではないかという説もあります。

実際に飯盛山から眺めると、会津若松城は見えるもののかなり小さくて、私には瓦の色までは分かりませんでした。みなさんもご自身の目で確かめてみてはいかがでしょう？

なお飯盛山には、白虎隊のお墓があります。

飯盛山から見た、会津若松城

Castle

会津若松城とは

別名は「鶴ヶ城《つるがじょう》」です。豊臣秀吉の命令で城主になった蒲生氏郷《がもううじさと》が大改修して、東北で初の天守ができました。天守台の石垣は、このときに築かれたものが今ものこっています。7重だったともいわれる壮大な天守でしたが、江戸時代に地震で大きな被害を受けてしまいました。その後、5重の天守が建てられて、幕末になり戊辰戦争の舞台になります。現在の天守は、幕末の天守をもとに再建されました。天守のほか、再建された鉄門《くろがねもん》、続櫓《つづきやぐら》（走長屋《はしりながや》）、干飯櫓《ほしいいやぐら》などにも赤瓦が葺かれています。

天守台の石垣は、蒲生氏郷の時代に築かれたもの。自然の石を、ほぼそのまま巧みに積み上げた「野面積み《のづらづみ》」

雪

福井県

まるおかじょう

丸岡城

全国的にも珍しい「石瓦」

重要文化財（天守）

福井県坂井市丸岡町霞町 1-59

JR 福井駅からバス（丸岡城）下車

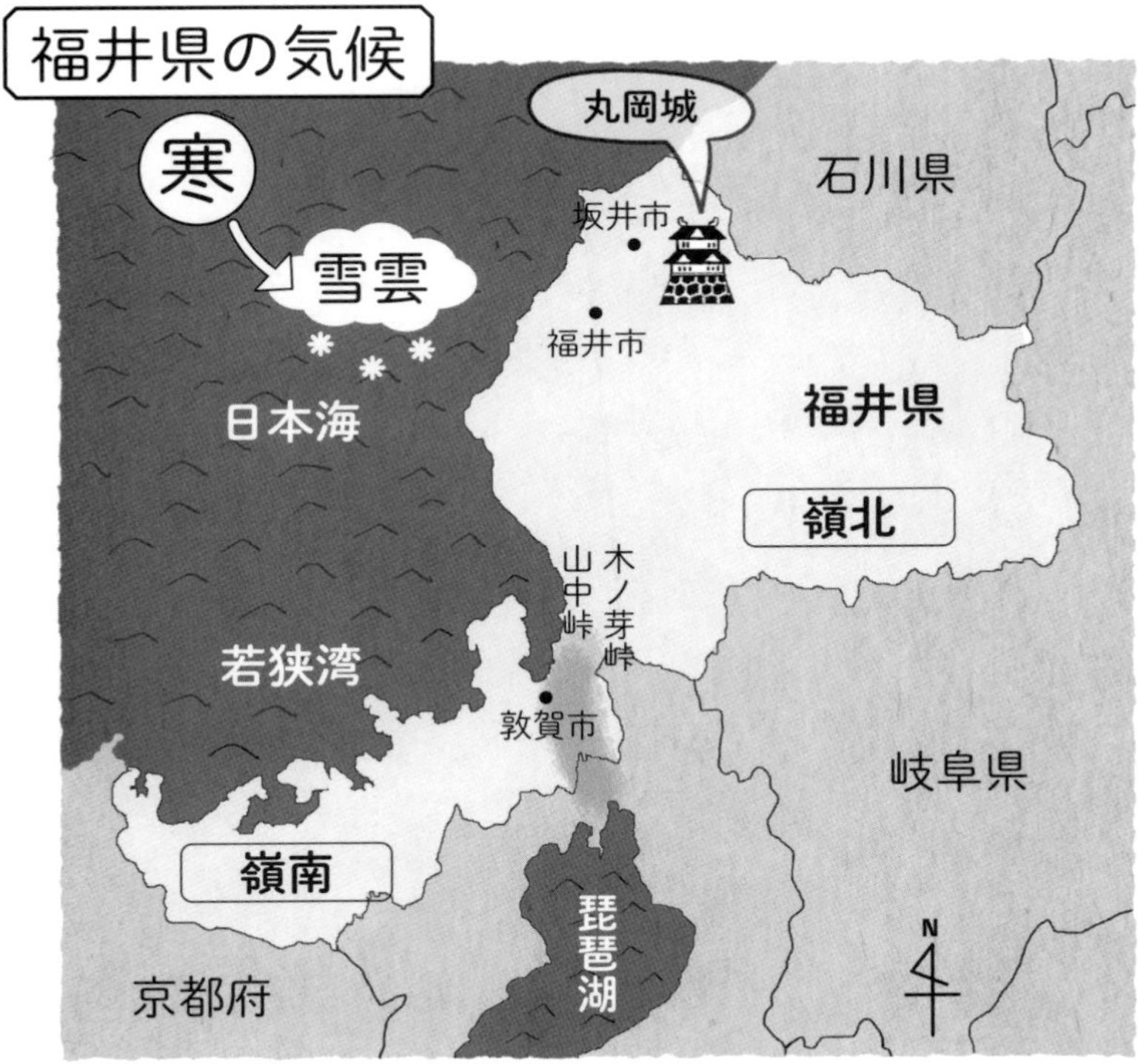

東京と緯度はほぼ同じでも、山を挟めば豪雪地帯

北陸にある福井県は日本海側の気候で、冬は北西風によって大陸から吹き出す寒気が流れこみます。寒気が日本海を渡る間に雲が発達するので、冬はくもりの日が多く、雪や雨が降るのです。県内全域が豪雪地帯に指定されています。

福井県は、木ノ芽峠と山中峠などを境に、南北に分けられます。福井市や福井平野が含まれる嶺北《れいほく》と、敦賀《つるが》市から西の若狭湾沿岸地域の嶺南《れいなん》です。丸岡城がある坂井市は、嶺北にあります。嶺北の方が寒気による雪雲の影響を受けやすく、冬は雪が降る日が多くて、晴れる日が少ないというのが特徴です。丸岡城の近くを通る北陸自動車道は、大雪で立ち往生が発生したこともあります。

丸岡城のすぐ南に位置する福井市と、東京都心の緯度はほぼ同じです。ただ、1月の平年値を比べると、福井の方が降水量は２００ミリ以上多く、日照時間は１２０時間も短く、平均気温は２度以上低いです。同じくらいの緯度でも、日本海側と太平洋側では冬の天候が大きく異なります。

雪に強いうえに、地元産「笏谷石」が使える

丸岡城の天守を目の前にすると、スッと背筋が伸びるような趣《おもむき》を感じます。その雰囲気は、屋根から醸《かも》し出されているのかもしれません。

一般的な瓦は粘土を焼いていますが、丸岡城の屋根瓦は、石でできています(口絵参照)。石瓦の天守は全国的にも珍しく、現存する天守では唯一です。

なぜ石瓦にしたのか? それは、豪雪地帯で冬の寒さが厳しいからでしょう。土の瓦だと凍結して割れてしまうので、天守が無事に冬を越すには、工夫が必要でした。

石瓦であれば、寒さで割れにくいという利点があるうえに、ちょうどよい石が地元で入手できました。福井市の足羽山《あすわやま》で採れる「笏谷石《しゃくだにいし》」です。火山活動で降り積もった灰が固まってできた火山礫凝灰岩《かざんれきぎょうかいがん》(緑色凝灰岩《りょくしょくぎょうかいがん》)で、軟らかくて加工しやすいという特徴があります。歴史は古く、1500年前の古墳時代の石の棺《ひつぎ》に笏谷石が使われていました。現在は採掘されていないので、貴重な石となっています。お土産に笏谷石の器を買おうと伸ばした手がピタッと止まるお値段ですが、本当に美しいです。

私は笏谷石の色が好きです。上品な淡い青緑色で「越前青石《えちぜんあおいし》」ともいわれています。

晴れの日と、雨の日で別の顔を見せる

天守の中に入って石瓦を近くで見ると、色の違いがあることに気づきます。実は、すべてが笏谷石とい

うわけではありません。

約6000枚ある瓦のうち、2割くらいが笏谷石です。青緑色の瓦が笏谷石で、他には昭和の修理で替えられた石川県の滝ヶ原石《たきがはらいし》の瓦があります。石瓦は1枚20～60キロで、屋根全体では120トンにもなります。

笏谷石の面白さは、天気によって色を変えることです。水に濡れると色が濃くなる性質があるため、雨の日はより鮮やかな青緑色に見えるのです。晴れている日は柔らかく、雨の日はキリッとした様子で私たちを迎えてくれます。

なお、笏谷石は、福井市にある北《きた》の庄 城《しょうじょう》や福井城にも使われました。また、安土城の天主跡付近の石段にも笏谷石があります。これは、柴田勝家が織田信長に献上したのではないかと滋賀県文化財保護課の方から聞きました。

「石のシャチホコ」も!

丸岡城は、なんとシャチホコも笏谷石だったことがありました。

築城当時のシャチホコは木造の銅板張りでしたが、第二次世界大戦中に解体修理をした際に銅板が手に入らなかったため、笏谷石でシャチホコをつくったそうです。

石のシャチホコは1948(昭和23)年の福井地震で落下して壊れてしまい、現在の天守にあるのはその後に復元されたシャチホコで、築城当時と同じ木造の銅板張りです。

落下した笏谷石のシャチホコは天守登り口の階段の横に展示されていて、間近で見られます。

はじまりは、雪に適した「柿葺き」だった

築城当時の丸岡城は、石瓦ではなかったようです。

第二次世界大戦前の修理記録によって、石瓦の下に柿《こけら》が葺《ふ》かれていたことが分かりました。当初は、柿《こけら》葺《ぶ》きだったのです。柿葺きは、薄い木の板を幾重にも重ねる方法で、日本の伝統的な屋根工法です。一般的な土の瓦のように雪や寒さで割れてしまうことがないので、こちらも豪雪地帯に向いています。また、瓦と比べて軽いので、屋根の軽量化が可能です。

どちらも雪国に適した屋根ですが、石瓦と柿葺きでは見た目が大きく異なります。柿葺きの丸岡城を想像するのもワクワクします。

福井地震で落下してしまった、笏谷石でできたシャチホコ
天守登り口の階段の横で、間近で見られる

Castle

丸岡城とは

丸岡城の天守。屋根には石瓦が

北陸では唯一の現存天守です。

織田信長の命令で、柴田勝家の甥の勝豊が築城しました。近年の調査で、現存する天守は江戸時代に城主になった本多成重が建てたものだと分かっています。1948（昭和 23）年の福井地震で倒壊して修復されましたが、柱や梁《はり》などの主要な材料の約7割は、江戸時代のものが再利用されたそうです。

入場券には、丸岡の特産品である越前織が付いてきます。きめ細やかな美しい織物で、素敵なお土産になります。

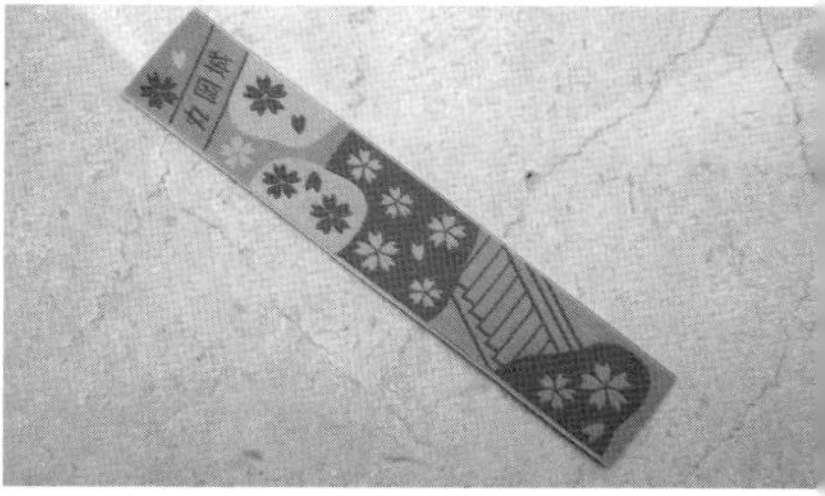

天守の入場券には、しおりとしても使える美しい越前織が付いてくる

雪

石川県

かなざわじょう

金沢城

「鉛瓦」と「海鼠壁」の堂々たる機能美

重要文化財（石川門含め３棟）

石川県金沢市丸の内 1-1 など 25 筆

JR 金沢駅から北鉄バス（兼六園下・金沢城）下車、徒歩５分（石川門口）

石川県の気候

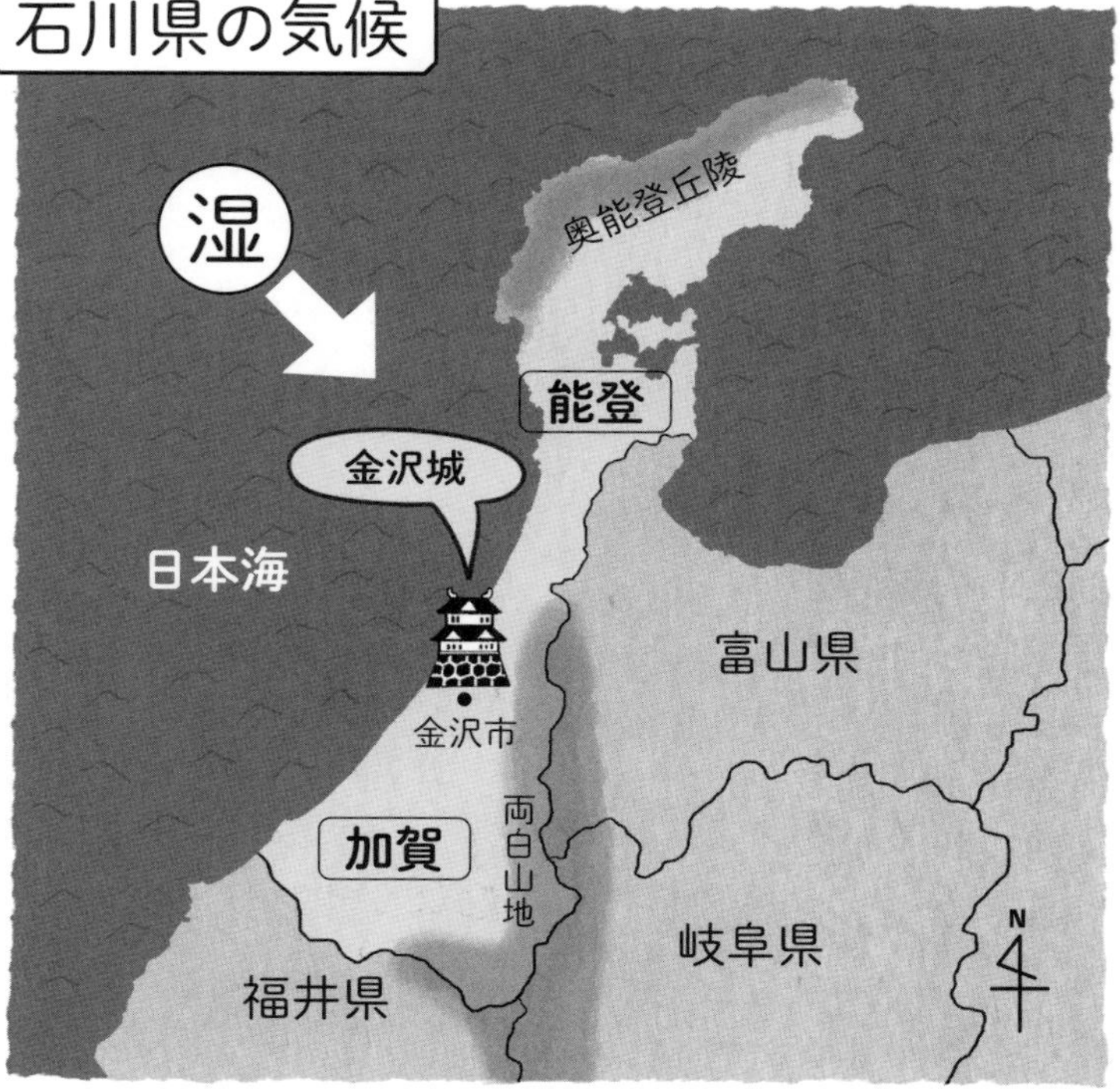

多雨多雪。そして雷は全国トップ！

石川県は多雨多雪地帯。日本海に突き出した半島なので湿った空気が流れこみやすく、１年を通して降水量が多いです。

加賀と能登《のと》に分けられ、どちらも日本海側の気候です。加賀は山で雪雲が発達するため積雪量がより多く、能登は雪の量は比較的少ないものの、風の影響がより大きいという特徴があります。

金沢城がある金沢市は加賀で、冬は日本海でできた雲が次々に流れこんで断続的に雪や雨が降る、時雨《しぐれ》が起こります。このため、金沢の降水量が１年で最も多いのは１２月、２番目は１月です。平年値で比較すると、金沢の１２月の降水量は東京の５倍以上。ちなみに、雪は雨量計で溶かして降水量として観測するので、降水量には雨だけでなく雪も含まれます。

雷が多い場所でもあります。年間の雷日数（雷を観測した日数）の平年値は、金沢が全国で最多の４５．１日で、東京１４．５日の約３倍です。太平洋側で雷が多いのは夏ですが、日本海側の金沢で雷が多いのは冬です。

加賀百万石の美意識は、「鉛瓦」の輝きにも表れる

加賀藩前田家というと、美意識が高い印象があります。「加賀百万石」は、加賀藩が100万石以上の大きな藩だったことから生まれた言葉です。江戸時代、前田家は徳川家に次ぐ財力を持っていて、その財を文化や工芸という文化政策に注ぎました。美意識と財力は、お城にも表れています。

金沢城の屋根は、夏でも「雪景色」。日差しで白く光り、まるで雪を被っているように見えるのです。天気によって屋根の見え方が異なり、晴れの日は眩しい白色、くもりの日は優美な銀色、雨の日は鈍く光って重厚感があります。

屋根の独特の輝きの正体は、鉛《なまり》です。木でできた屋根の上に厚さ約1・8ミリの鉛の板を張りつけています。鉛に少量の銅を混ぜることによって、強さや硬さを増し、酸で腐食しにくくしているそうです。

鉛瓦が使われた理由は諸説ありますが、一般的な土の瓦と比べて雪や寒さで割れるリスクが低く、耐久性があるので、多雨多雪地帯にある金沢城に向いていることが挙げられます。土の瓦で葺《ふ》いた屋根より軽いため、雪が積もっても建物に負担がかかりすぎないことも利点です。

江戸時代からのこる石川門(口絵参照)と三十間長屋《さんじっけんながや》、平成に復元された菱櫓《ひしやぐら》、五十間長屋《ごじっけんながや》、橋爪門続櫓《はしづめもんつづきやぐら》、橋爪門、河北門《かほくもん》、令和に完成した鼠多門《ねずみたもん》(口絵参照)と、どれも鉛瓦葺きですが、屋根の色が違います。鉛の色ははじめは灰色、いわゆる鉛色ですが、雨や雪にさらされて、次第に白っぽく変化するからです。

鉛瓦の屋根と白漆喰の壁は美しく調和していて、前田家の美意識を現代に伝えています。

海鼠壁は、美しいだけじゃない！「超できるやつ」

多くの建物の壁や、塀の下の方には、格子の模様が見られます。「海鼠壁《なまこかべ》」（口絵参照）といって、壁に平らな瓦を並べて、瓦の継ぎ目に白漆喰を蒲鉾型に盛っています。単に見た目がおしゃれなだけではなく、耐久性を高めて雪や寒さから壁を守るための工夫です。さらには耐火性にも優れるので、木造建築の大敵である火にも強いです。

漆喰というと白色ですが、２０２０（令和2）年に復元された鼠多門には、珍しい黒漆喰の海鼠壁が見られます。

また、完成時の鼠多門の屋根は鼠色（灰色）でしたが、鉛瓦葺きなので時間が経つにつれて白っぽくなります。黒漆喰との調和と、その変化が楽しみです。

鉛瓦は江戸幕府へのパフォーマンス？

鉛瓦葺きのお城は少ないですが、かつては江戸城でも使われていました。江戸時代の古文書に、「鉛瓦を使用したのは名城の姿を壮美にするため」というようなことが書かれています。美意識が高い加賀藩前田家が鉛瓦を選んだのも、同じ理由かもしれません。

ただ、本当の理由は、江戸幕府に対するパフォーマンスだった可能性があります。

前田家は加賀百万石といわれるように力がある大名だったので、幕府から警戒されていました。そこで、お城の戦闘面ではなく美しさにお金を使う姿勢を見せて、「戦をするつもりはない」「幕府に背く気はない」とアピールしたのではないでしょうか？

特に鉛は鉄砲玉の材料なので、未使用の鉛を大量に所有していたら幕府に怪しまれます。それを避けるために瓦に使ってしまおうとしたのかもしれません。もし戦になったら、屋根から鉛板を剝がし、溶かして鉄砲玉を作ろうとしていたという説もあります。

前述したように、鉛瓦葺きの屋根が金沢の気候に合っているという理由も有力だと私は思います。色々な可能性に思いを馳せるのは、お城の楽しみ方のひとつです。

江戸時代築で現存する、三十間長屋。鉛瓦の屋根と、海鼠壁が立派

Castle

金沢城とは

1583（天正 11）年に前田利家が金沢城主になり、本格的にお城づくりを始めました。天守は 1602（慶長 7）年に落雷で焼失して以来、再建されませんでした。そして 1665（寛文 5）年、5 代・前田綱紀《つなのり》が、お城の各建物の屋根を鉛瓦に葺き替えたといわれています。

1759（宝暦 9）年の大火事で大半の建物が燃えてしまい、現存する石川門と三十間長屋は、その後（江戸時代）に再建されたものです。

金沢城は「石垣の博物館」といわれるほど、多様な石垣が見られるのも魅力です。

土橋門《どばしもん》の石垣に見られる亀甲《きっこう》石（写真中央）

Column

あそこにも、ここにも「小さな発見」！

「小さな発見」が増えると、お城がますます面白くなります。

　建物や塀に開いている丸や四角、三角の小さな穴は、敵から身を隠しながら弓矢や火縄銃で攻撃するための「狭間《さま》」というものです。中でも建物の中にある狭間は、板や漆喰で隠されていることがあります。「隠狭間《かくしさま》」といい、攻撃する際には板や漆喰を突き破って矢や火縄銃を放つのです。外観に配慮するとともに、敵への不意打ちにもなって一石二鳥です。

　大洲城《おおずじょう》の三の丸南隅櫓や丸亀城天守は、長押《なげし》（鴨居の上など柱と柱の間に水平材を入れて強度を高めたもの）から下の壁が盛り上がっています。壁を厚くすることで、銃弾などで壊れるのを防いだと考えられています。2枚の土壁の間に石や瓦を入れて防弾性を高めた、「太鼓壁《たいこかべ》」です。

　また、点線のような穴が刻まれている石を見たことはありませんか？　これは、大きな石を適度なサイズに割るときにつけられた「矢穴《やあな》」です。穴に「矢」と呼ばれる楔《くさび》を差し込んで、上から大きなハンマーで叩いて石を2つに割りました。こうした過程を知ると、矢穴にロマンを感じます。

　お城によっては、石材が足りない、急ピッチで築城したなどの理由で、新たに切り出された石だけでなく、他の目的で加工された石が転用されました。「転用石《てんようせき》」といい、城の石垣や石段に、墓石や石仏《せきぶつ》が使われていることもあるのです。私は発見すると、自然と手を合わせています。

　お城にある仕掛けや、思わぬ工夫の数々――知ると、探したくなりませんか？

狭間

丸亀城の、大砲用とみられる「隠狭間」

大洲城（三の丸南隅櫓）の、「隠狭間」

松山城の「狭間」。壁に、四角く小さな穴が開いている。身を隠しながら、弓矢や火縄銃で攻撃ができる

太鼓壁

大洲城（三の丸南隅櫓）の「太鼓壁」

矢穴

米子城で見つけた、「矢穴」。石を切り出したときの穴がのこっている

転用石

有岡城の、「転用石」が組み合わされた石垣

安土城では、貴重な仏足石《ぶつそくせき》が、単なる石材（転用石）として石垣に使われていた

雨

水は、お城の大敵！
雨量の多いエリアでは、
水に強い材料や独特の仕組みで、
腐敗や倒壊を防いでいます。

重要文化財（天守含め15棟）
高知県高知市丸ノ内1-2-1
JR高知駅からバス
（高知城前）下車

高知県
こうちじょう
高知城

全国有数の雨量に耐える「土佐漆喰」

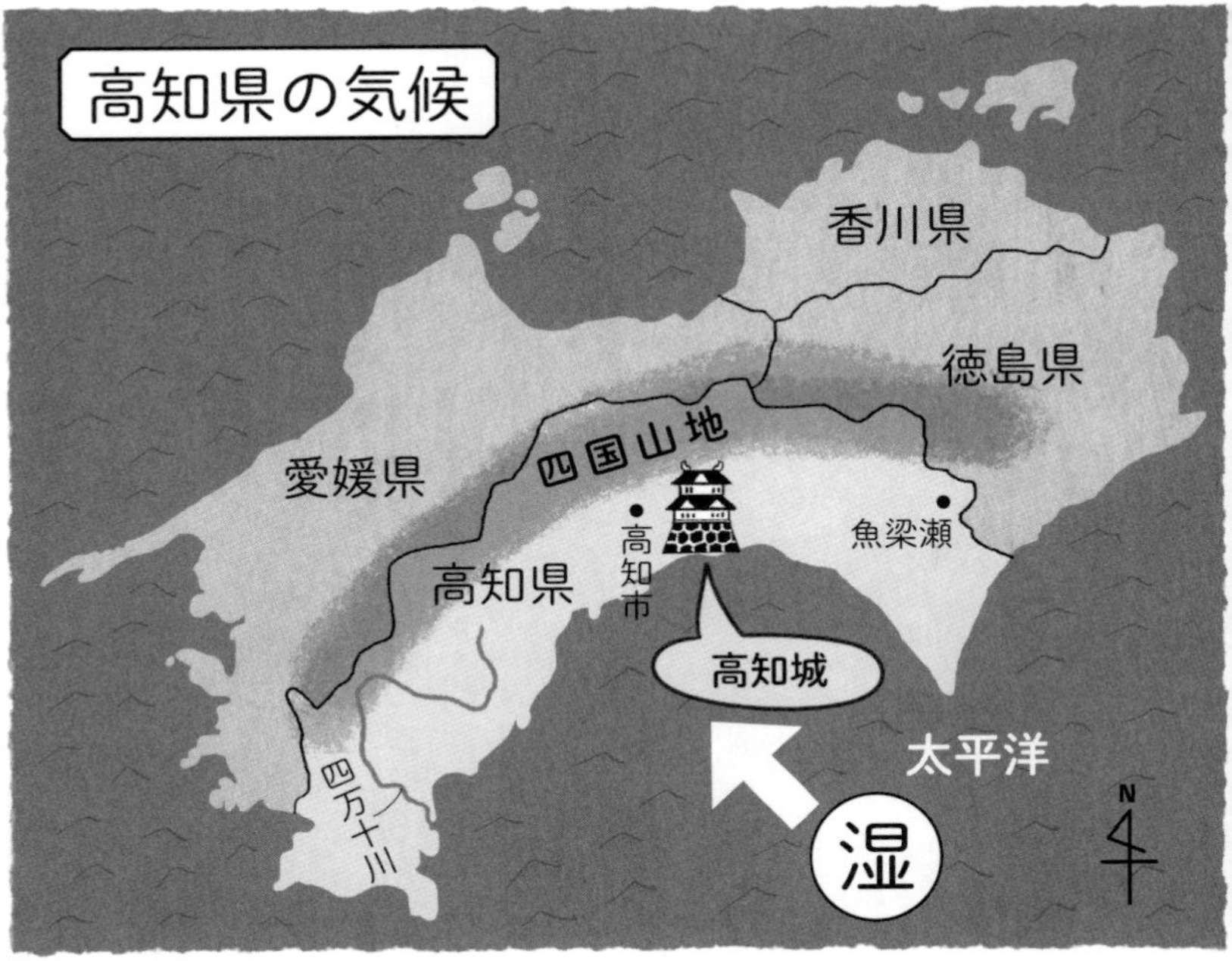

雨の日は多くないが、雨の量が多い

高知県は、全国的にみても雨の量が多い地域です。

北には四国山地があり、南は太平洋に面しています。海から流れこむ湿った空気が四国山地にぶつかり、上昇して雨雲が発達しやすい地形なのです。特に山間部では年間降水量が３０００ミリを超えるところが多く、東部の魚梁瀬《やなせ》は約４５００ミリです。東京は約１６００ミリなので、２～３倍近くの雨が降るということになります。高知城がある高知は約２７００ミリで、東京より１０００ミリ程多いです。そして台風の通り道になることも多く、台風の上陸数は、鹿児島県に次いで全国２番目の多さです。

雨が多い環境との共生を感じられるのが「沈下橋《ちんかばし》」。沈下橋は洪水で橋が水没する（沈下する）ことを想定しているので、流木が引っかかるおそれがある手すりはありません。高知県の西部を流れる四万十川《しまんとがわ》の景観に代表される、観光名所になっています。

高知県は降水量が多いものの、雨の日が特段多いわけではありません。一度に降る雨の量が多いのです。

土佐漆喰で、暴風雨をも撥ね返せ

高知城には、雨対策が随所に見られます。

まずは、壁に塗られている漆喰です。日本有数の降水量、さらには台風による暴風雨から城を守っているのは、並みの漆喰ではありません。

それは江戸時代に高知県で生まれたという「土佐漆喰《とさしっくい》」。一般的な漆喰は糊を使っていますが、土佐漆喰は糊を使っていないので水に強いのが、最大の特徴です。なぜ糊を使わずに漆喰ができるのかというと、糊の代わりに発酵した藁《わら》と水を混ぜ、熟成させて粘性を生んでいるからです。糊を使っている漆喰よりも水に強く、雨に打たれても、剝がれたり黒ずんだりしにくいといわれています。

土佐漆喰がベージュのような色をしているのは、藁の繊維の色です。塗りたてはベージュがかっていますが、雨に濡れたり乾いたりすることで次第に色が薄くなり、1年ほど経つと、少し黄みがかった白色になります。

高知県は、漆喰のもとになる石灰石が多く採れることも、土佐漆喰が生まれた理由かもしれません。

多雨を受け流す、巨大な石樋

多雨地域においては、雨を撥《は》ね返すだけでなく、受け流すことも必要です。

石垣に注目してみましょう。ひょこっと石垣から飛び出している部分があります。これは、城内の水（主に雨水）を排出するもので、「石樋《いしどい》」という排水設備です（口絵参照）。排水が石垣に直接当たることを防ぐために、石垣の上部から突き出してつくられています。ほかにも石樋が見られるお城はありますが、高知城は石樋が多い！　大きい！　下にいくほど排水量が増えるので石樋のサイズも大きく、人が乗ることができそうな巨大な石樋を見ることができます。

石樋から流れ出る水の受け皿になり、地面を保護するための「敷石」も大きく立派なので、チェックしてみてください。

高知城の天守は、全国に12しかない現存天守です（口絵参照）。ほかにも、多くの門や塀などが現存しています。本丸御殿（懐徳館《かいとくかん》）と天守の両方が現存しているのは、全国で唯一です。

大雨に負けず立ち続けられているのは、鉄壁の雨対策が功を奏したのかもしれません。

出っ張りも、雨対策

高知城の雨対策は、まだあります。

建物の壁や塀に見られる出っ張りです。「長押型水切り《なげしがた》」といい、雨水が建物の中に浸入したり、下の石垣に流れこんだりするのを防いでいます。

少し出っ張らせることで、平面的な壁や塀に立体感を与えていて、私にはおしゃれなデザインのように見えました。雨対策が高知城の個性になっているともいえるのではないでしょうか。

水害で改名？

高知平野のほぼ中央にある標高約44メートルの大高坂山《おおたかさかやま》に、高知城は築かれました。大高坂山は、北に江《え》ノ《の》口川《くちがわ》、南には鏡川《かがみがわ》があり、自然の要害を生かした立地です。

南北を川に挟まれていたので、「河中山城《こうちやまじょう》」といわれていましたが、城下はたびたび水害に見舞われます。水に関係が深い「河中」という名が良くないのではないかと考えられるようになり、読み方はそのままで、1610（慶長15）年に「高《こう》智《ち》山城《やまじょう》」に漢字が変えられました。その後、時を経て「高知城」になったそうです。

黒鉄門から続く塀にある、
長押型水切り

Castle

高知城とは

山内一豊《やまのうちかずとよ》が1601（慶長6）年に築城を開始して、10年目にほぼすべてが整いました。ただ、一豊が建てた天守は火事で焼けてしまい、現存するのは1749（寛延2）年に完成した天守です。天守の最上階に廻縁《まわりえん》といわれる縁側と高欄《こうらん》（手すり）があって、外に出て一周できるのは、現存天守では高知城と犬山城だけです。ただ、廻縁は雨によって傷みやすいという欠点があります。鉄壁の雨対策を誇る高知城に採用されているのは意外にも思えますが、天守はお城のシンボルなので、デザイン性の高さも大切にしたのかもしれません。

排水が石垣に直接当たらぬよう、
巨大な石樋が点在

四万十川の沈下橋。洪水で流木が引っかからないよう、手すりがない

宮崎県

おびじょう

飫肥城

水を吸いにくい
地元産
「飫肥杉」が
活躍！

市指定史跡

宮崎県日南市飫肥 10

JR 飫肥駅から徒歩 10 分

宮崎県の気候

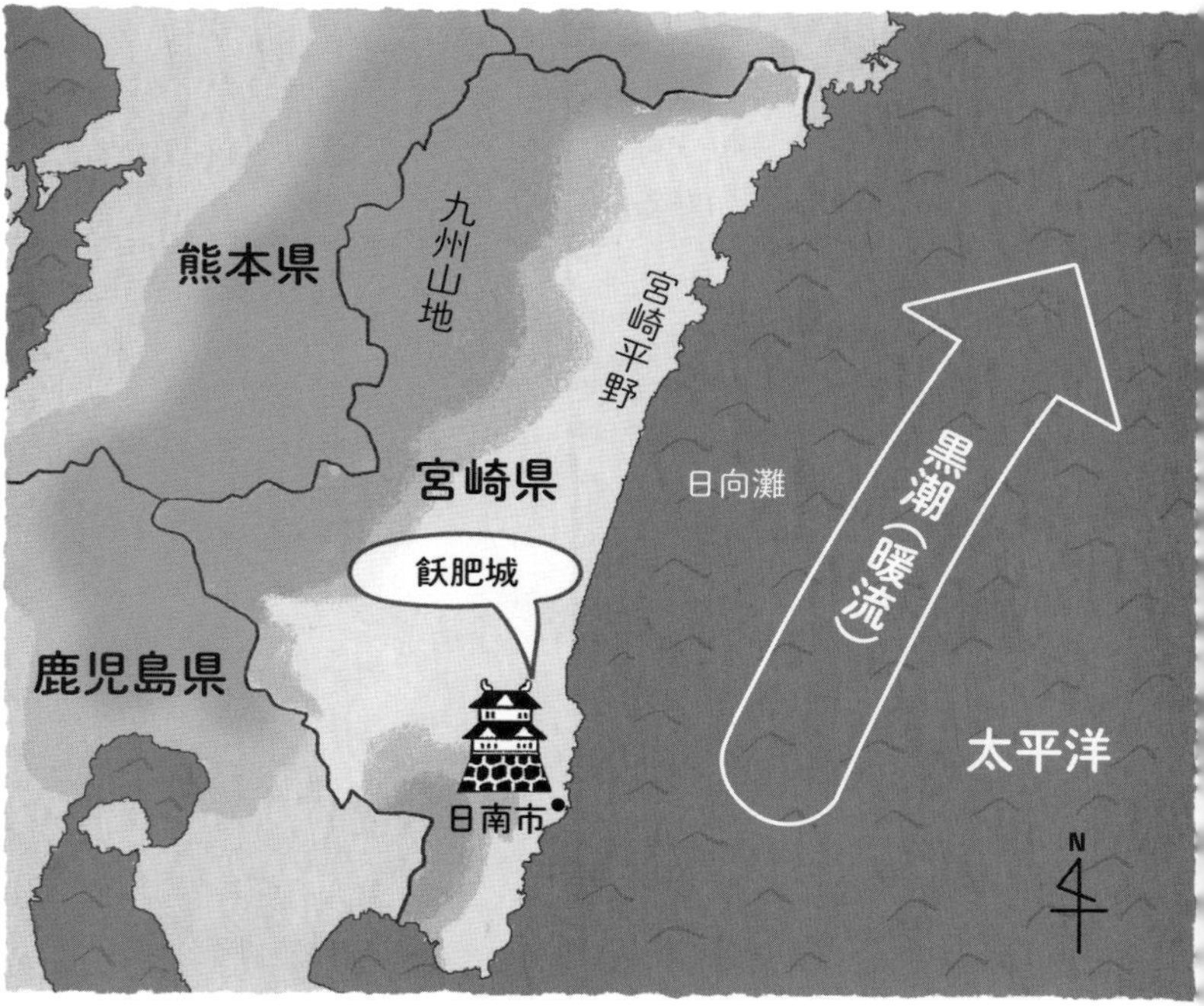

晴れも、雨も、全国トップクラス

「日本のひなた宮崎県」といわれるほど、日照時間や快晴日数の多さが全国トップクラスの宮崎県。

日照時間が長いことに加えて、太平洋に面していて暖流の黒潮の影響を受けるため、温暖な地域です。プロ野球の春季キャンプ地としても知られています。

もう一つ、宮崎県が全国トップクラスのものがあります。

それは、降水量です。晴れる日が多いのに意外に感じられますが、夏から秋にかけては梅雨前線や台風などの影響で雨が多くなります。特に梅雨の時期に雨が降りやすく、宮崎は６月の降水量の平年値が５００ミリを超え、なんと東京の３倍以上です。

城の顔・大手門を、雨に強い地元産材で再建

飫肥城を訪れると迎えてくれるのが、1978(昭和53)年に再建された大手門です(口絵参照)。外観が分かる資料がなかったので史実に基づくものではなく、ほかのお城の現存する大手門を参考に建てられました。ちなみに大手というのは「お城の正面」のことで、大手門は正面玄関にあたるため、立派な門が多いです。

飫肥城の大手門で注目したいのが、柱や梁《はり》です。樹齢100年以上の「飫肥杉《おびすぎ》」が4本使われています。飫肥杉は地元で採れるスギで、雨が多い宮崎県に向いています。なぜなら飫肥杉は、樹脂を多く含んでいて水を吸いにくいからです。このため水や湿気に強くて腐りにくいのです。水に強いだけでなく、油分が多いと水に浮きやすいので、船の材料として広く使われていました。

飫肥杉は、藩の救世主

実は江戸時代、飫肥杉が飫肥藩の財政を救いました。

飫肥藩は天然の巨木が多いことに目をつけて、マツやクスノキなどの木材を出荷して収入を得ていました。しかし、天然の木が減り、伐採後の山は荒れ放題になってしまいます。

そこで、飫肥藩は成長が早くて育てやすいスギ(飫肥杉)を中心とした植林を奨励します。飫肥杉のおかげで、安定した収入を得られるようになったのです。

本丸があった場所には、多くの飫肥杉が植えられていて「いやしの森」と呼ばれています（口絵参照）。空に向かってまっすぐ高く伸びる木を見上げて、私は思わず背伸びしました。

また、飫肥城歴史資料館の下には、４本の飫肥杉が四隅に植えられているスペースがあります。ここは、「しあわせ杉」と呼ばれるパワースポットです。４本の飫肥杉が対角線に交わる中央に立つと、幸せパワーをもらえるそうです。

飫肥城歴史資料館下の「しあわせ杉」

Castle

飫肥城とは

戦国時代は伊東氏と島津氏が覇権争いをしていました。豊臣秀吉による九州攻めで活躍した伊東氏が１５８７（天正１５）年に城主になり、明治維新までの約２８０年にわたって城主を務めました。築城された年は不明ですが、江戸時代に大改修されています。
天守は建てられず、建物は御殿や門などがあったようです。

ぶらり城下町散歩！

九州の小京都、飫肥《おび》

【飫肥城】

国の重要伝統的建造物群保存地区に指定されている飫肥のまち

「九州の小京都」といわれる町並みは、江戸時代を彷彿とさせます。

道の脇には水路があり、多くの鯉が泳いでいます。苔《こけ》むした石垣と色鮮やかな鯉のコントラストが大変美しいです。水路に近づくと、餌をもらえると思ったのか？　鯉が近づいてきました。

約280年間にわたって城下町として栄えた飫肥《おび》は、1977（昭和52）年に、国の重要伝統的建造物群保存地区に選定されました。

商家や武家屋敷を見学することができ、飫肥藩の御用酒屋だった蔵があります。ほかにも、城下町には昔からの建物を活用したカフェやギャラリーなど、立ち寄りたくなるスポットがいっぱい！

築100年以上の古民家を改装したという日本料理店では、地元の食材を使った日本料理を味わえます。かつて飫肥城主にも献上されていたという厚焼き卵は、普通の卵焼きとは違うプルッと滑らかな食感で、まるでプリンのようです。

魚のすり身を揚げた名物「おび天」や、マンゴーソフトクリームなどを食べながら散策しました。

城下町はご当地グルメの宝庫なので、つい食べ過ぎてしまいます。

水路に近づくと、
鯉が近づいてきます

揚げたての「おび天」が
食べられます

地元の作家さんの作品が並ぶ、
工芸ぎゃらりー「後町」

日本料理店「喜《よろこび》庵《あん》一《いち》能《の》」。
古民家を改装した素敵な空間です

地元産食材を使った日本
料理。海老の奥にあるの
が（写真中央）、飫肥の
名物・厚焼き卵

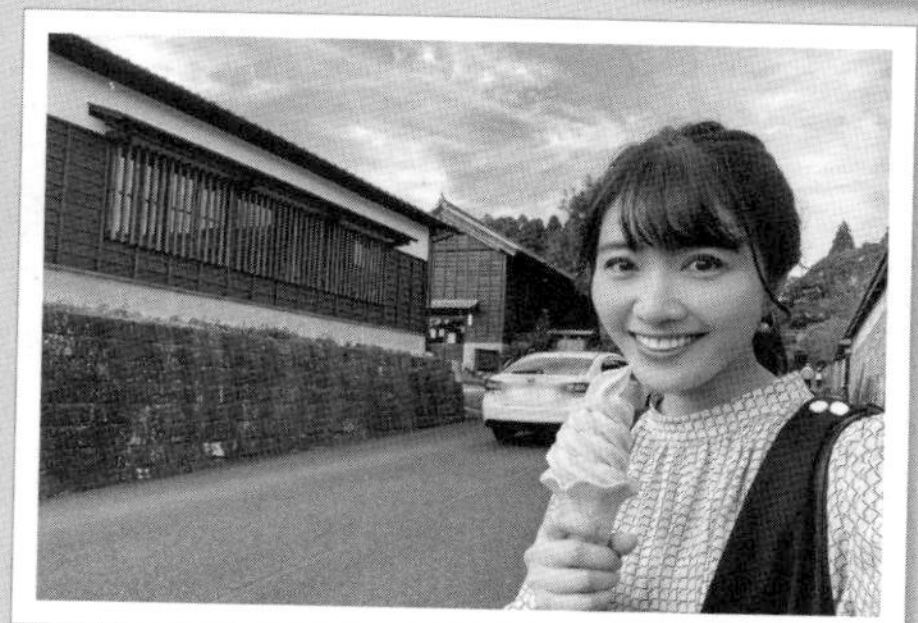

マンゴーソフトクリーム
を食べながらの街歩きも
楽しい

Column

愛を探せ！石垣に隠れた「ハート石」

お城をめぐるとき、ひそかに楽しみにしているのが、石垣の「ハート石」を探すことです。

もちろん、築城するときに意図してハートにしたわけではなく、偶然の産物です。

お城を味わうときには先人たちの思いや技術を読み解くことが多いですが、たまには後世の私たちが勝手に意味を見出して楽しむのもアリではないでしょうか？

ちなみに、多少いびつでも「自分がハートだと思えばハート石」、というのが私の基準です。

ハート石を探し始めてから石垣をじっくり観察するようになったので、他の発見も増えました。

丸亀城の、大手一の門と大手二の門にある「幸運のハート石」

山形城でもハート石を発見

浜松城の天守

浜松城はハート石の宝庫。〝ハートフルなお城〟です。天守石垣には、大小のハート石が！

天守門の石垣にもハート石が！

明石城は、珍しいタイプのハート石

拡大すると、はっきりハートが！

九州地方は台風の襲来が多く、
暴風雨や潮風から城を
守る技術が求められます。

風

市指定史跡
佐賀県唐津市東城内 8-1
JR 唐津駅から徒歩 15 分

佐賀県

唐津城《からつじょう》

城と暮らしを守る「虹の松原」

佐賀県の気候

玄界灘から強い潮風が吹きつける

九州北部の佐賀県は、２つの海に面しています。南は有明海、北は玄界灘です。有明海は波が静かな内海で、１００本以上の川と繋がっています。山などにしみこんだ雨水が川から流れこんでいるため栄養分が豊富で、多様な生き物が生息し、海苔の養殖が盛んです。

玄界灘は世界有数の漁場です。西から暖かい対馬海流が流れこんで、多様な魚がやってきます。「灘」とは、海水の流れが速かったり、強風による高波が激しかったりして、航海が難しい海です。

夏から秋にかけて台風が九州の西を北上すると、玄界灘は一時的に荒れます。そして、1年で最も荒れることが多いのは、北西風が強く吹く冬です。特に、西高東低の冬型の気圧配置が強まると、強風によって海は大しけになります。

唐津城がある唐津市は玄界灘に面していて、台風や季節風の影響で強い風が吹きやすく、１年を通して海水の塩分を多く含んだ潮風が吹きつけます。

１００万本の「虹の松原」が、城もまちも守る

唐津城は、目の前に海が広がり、とても気持ちがよい場所です。思わず両手を大きく広げたくなる開放感があります。そして東の方を見ると、海岸線に沿ってカーブした林が目に留まります。天守最上階から眺めるのもよいですが、大手門近くの城壁にある狭間《さま》（火縄銃や弓矢で攻撃するために壁に開けられた穴）から覗くとワクワク感が高まるので、試してみてください。海の青色、砂浜の白色、林の緑色の3色の対比が美しいです。

この林こそ、海沿いならではの工夫です。

海に近いのはお城を守るうえでは有利ですが、強風や潮風に悩まされました。潮風の塩分は、農作物を枯らしてしまうこともあります。

唐津城を築城した初代城主の寺沢広高《てらさわひろたか》は、田畑を新たに開発して広げることに力を入れていました。そこで、強風や潮風から田畑を守るためにつくったのが、人工の松林です。潮風や乾燥に強い松（クロマツ）を植樹して、防風防潮林《ぼうふうぼうちょうりん》にしました。

一般的に松の葉はよい燃料とされていましたが、唐津藩は松林を守るために採取を制限して、松を伐採したら死罪とする「禁伐《きんばつ》の掟《おきて》」まで定めました。

江戸時代は、その長さから「二里の松原」（二里＝約8キロメートル）といわれていたそうです。明治時代以降は、弧を描いている形が虹に似ていることから「虹の松原」といわれるようになりました（口絵参照）。

松原では唯一、国の特別名勝に指定されています。現在の全長は約４・５キロメートルで江戸時代と比べると短いですが、約１００万本の松が群生していて十分に見応えがあります。

傾いたり曲がったりしている松の木々を見ると、海から唐津市に向かって吹く風の強さが想像できます。それと同時に、虹の松原が長年にわたって強風や潮風から人々の暮らしを守ってくれていることを感じました。

海城を感じられる遺構「船入門」

唐津城は、海に突き出した半島にある、小高い山に立つ平山城《ひらやまじろ》です。また、北側は唐津湾に面しているので海城《うみじろ》ともいわれています。お城の東側では川が海に繋がっていて、お堀の役割をしています。

海や川は、守りの機能だけでなく、人や物を運ぶ水運の利もありました。

当時は船で出入りをしていたので、参勤交代をするときに藩主が使用していた門があった場所には、「船入門《ふないりもん》」という名称がのこっています。

現在は埋め立てられて公園になっていますが、「ふむふむ。ここまで船で来ていたのか」と妄想を膨らませると楽しいです。

藤の名所

藤、天守、青空の三重奏！　息を呑む美しさとはこのことです。

唐津城にある藤棚の面積は、約500平方メートル、テニスコート2面分です。花房の数は5万を超え、長さは1・3メートルに達するものもあります。

薄紫のシャワーが降り注いでいるような雰囲気の中、ふわりと甘い香りが鼻腔をくすぐります。樹齢100年を超えるといわれ、唐津市の天然記念物です。ほかにも、城内には白い藤があります。

例年の見頃は4月下旬から5月上旬です。春の気温が高い年は、咲く時期が早まります。

唐津城（舞鶴公園）の藤棚と、天守

Castle

唐津城とは

唐津城を築城した寺沢広高は豊臣秀吉の家臣で、朝鮮出兵では兵力輸送や物資の搬送などで活躍しました。関ヶ原の戦いでは徳川家康が率いる東軍に味方し、その後1602（慶長7）年から7年をかけてお城を建てたといわれます。朝鮮出兵のために秀吉がつくった名護屋城《なごやじょう》の解体資材が使われたと伝わっています。

お城を中心に両側に広がる砂浜と松原が、鶴が翼を広げたように見えることから別名は「舞鶴城《まいづるじょう》」です。

唐津城に天守があったのかは分かっていません。1966（昭和41）年に文化観光施設として模擬天守ができました。

唐津城の船入りがあった場所。現在は船入門公園に

虹の松原。クロマツが防風防潮の役目を果たす

熊本県

ひとよしじょう

人吉城

国指定史跡

熊本県人吉市麓町

JR 人吉駅からバス（五日町）下車、徒歩 10 分

鹿児島県

かごしまじょう

鹿児島城

国指定史跡

鹿児島県鹿児島市城山町 7-2

JR 鹿児島中央駅から市電またはバス（市役所前）下車、徒歩 7 分

暴風雨に負けぬ「海鼠壁」

鹿児島県・熊本県の気候

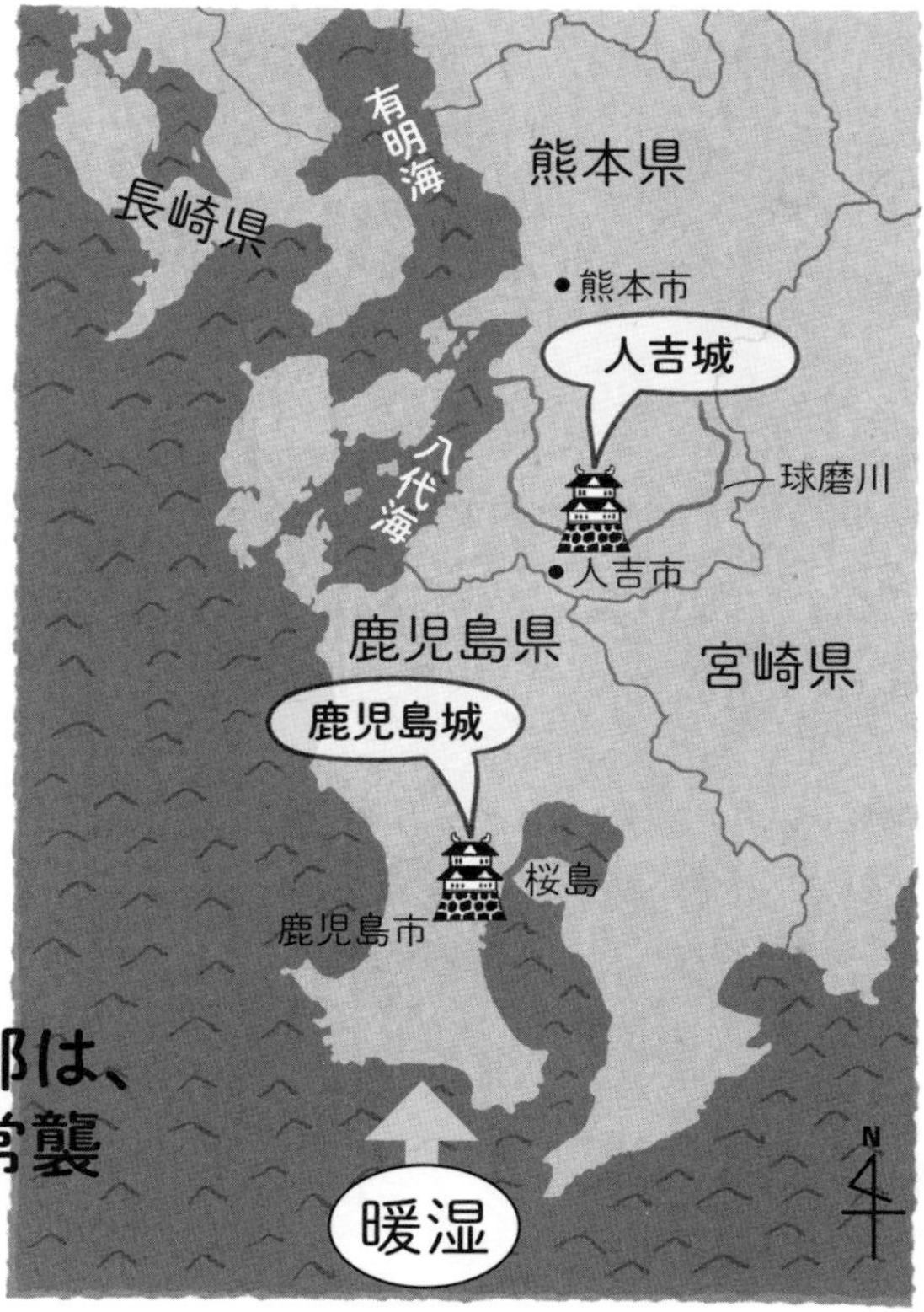

九州南部は、台風の常襲地帯！

九州南部の鹿児島県は、台風の上陸数が多いという特徴があります。１９５１（昭和２６）年から２０２３（令和５）年までに鹿児島県に上陸した台風は、４３個、２位の高知県は２６個なので、ダントツで全国１位です。５位長崎県、６位宮崎県、９位熊本県で、上陸数トップ１０のうち、４県が九州です。

九州南部に台風が接近・上陸するのは、６月から１０月にかけて集中していて、最も多いのは９月です。２０２２（令和４）年９月には、台風１４号が非常に強い勢力で鹿児島市に上陸しました。上陸したときの中心気圧は、２０００（平成１２）年以降で最も低い９３５ヘクトパスカルでした。

また、暖かく湿った空気が流れこみやすいため、温暖多雨、気温が高くて雨が多い地域です。

鹿児島と東京を平年値で比べると、年間の平均気温は鹿児島の方が３度高く、鹿児島の年間降水量は東京の１．５倍以上です。

台風の上陸が全国1位！　暴風雨に耐える壁——鹿児島城

1873（明治6）年の火事で燃えてしまった鹿児島城の御楼門《ごろうもん》が、2020（令和2）年に昔の写真をもとに復元されました（口絵参照）。高さと幅が約20メートルもある、日本最大級の城門。思わず「わー！」と声を出して見上げました。自分が小さく感じます。

もともと天守はないお城でしたが、この大きな門に、当時の人々も圧倒されたと思います。門の上に櫓がある櫓門《やぐらもん》で、櫓の壁の下部が特徴的です。瓦と漆喰が織りなすハーモニーといえましょう。

これぞ、台風の常襲地帯といわれる九州南部で必要な「暴風雨に耐えうる壁」だと私は考えています。

やっぱり強い、海鼠壁

その壁とは、「海鼠壁《なまこかべ》」です。壁の上に瓦を並べて、瓦と瓦の間に漆喰を盛って塗り、その盛り上がった漆喰が海鼠《なまこ》のように見えるため、海鼠壁とよばれます。台風による荒れた天気への対策として、鹿児島城では耐久性が高い海鼠壁が使われた可能性があります。

また、今は埋め立てられているものの、築城当時の鹿児島城は、もっと海に近い位置にありました。島津家久（忠恒）がお城を建てようとした際、父・義弘は海が近すぎて敵から攻められやすいと反対したという話も伝わっています。防御以外にも、海に近いということは、潮風によって建物に影響がないか心配になりますが、この点で頼りになるのが海鼠壁です。耐久性が高いので、潮風からも建物を守っていたのでしょう。

台風にも潮風にも強い壁――まさに鹿児島城にぴったりです。

日本三大急流に接しているお城――人吉城

熊本県の人吉城は、日本三大急流のひとつである球磨川《くまがわ》と、支流の胸川《むねがわ》に面しています。晴れている日、胸川の向こう側から石垣と櫓と城壁を眺めるのは、気持ちがよいです。風を感じながら、ぼーっとしたくなります。

川に面した城壁の外側が海鼠壁であることが、美観を高めていると私は感じます。それと同時に、なぜ海鼠壁が使われたのかが気になります。ここにも、天気が関係していると思うのです。

人吉城がある人吉市は熊本県の南部にあり、鹿児島県に接していて台風の影響を受けやすい場所です。鹿児島城と同じように、台風による暴風雨への対策として、海鼠壁にしたのではないでしょうか。

また、櫓の壁の黒い部分は、壁の上に板を張って雨や風への耐性を高める、下見板張《したみいたば》りです。

かつては川の氾濫に対する「術」があったが、今は……

川はお堀としてお城を守ってくれる役割がありますが、2020(令和2)年の豪雨では、球磨川が氾濫して人吉城が被災しました。復旧工事が進み、城内の大部分は周遊できますが、多門櫓《たもんやぐら》と角櫓《すみやぐら》は、2024年現在も立ち入り禁止です。

本来、人吉城は球磨川の左岸の高台にあり、水害を回避できる場所だったと考えられます。なぜなら川が氾濫しそうになったら、お城と反対側の右岸の堤防を切って水を田んぼに流せたからです。

ただ現在は、川の右岸には住宅街や繁華街があります。右岸の堤防を切って、人口が多い平地に水を流すことはできません。それゆえに、昔より左岸の水害の危険性が高まったのでしょう。

貴重なお城をのこすために異常気象・気象災害にどう備えるか、私たち現代人が向き合わなければいけない課題です。

鹿児島城には、台風にも潮風にも強い海鼠壁が使われている

Castle

鹿児島城、人吉城とは

鹿児島城は1601（慶長6）年に島津家久が築城を始めました。1877（明治10）年に、西郷隆盛が挙兵した西南戦争の舞台になった場所です。このときの弾痕や銃弾が石垣にあり、激しい銃撃戦を物語っています。地元では、別名の「鶴丸城《つるまるじょう》」で親しまれています。明治時代になってからお堀にハスが植えられて、夏は御楼門や石垣との美しい競演を楽しめるお城です。

人吉城の石垣には「武者返し」がある（石垣上部の出っ張っているところ）

人吉城がある地域は「相良《さがら》700年」とも称されていて、鎌倉時代から明治維新まで、相良氏が治めました。1589（天正17）年に大改修が行われ、石垣づくりのお城になったそうです。幕末につくられた石垣の上が突き出している「武《む》者《しゃ》返《がえ》し」は西洋の技術を使った守りの工夫で、全国的にも珍しいです。

まだまだあります
雪対策の材

弘前城

↑屋根を彩る緑色は、現存天守で唯一の銅瓦

→三の丸追《おう》手《て》門《もん》。積雪対策のため、門の敷居から鴨居までの高さが全国的にみても高い

松前城

天守と本丸御門。最北、かつ最後（幕末に完成）の日本式城郭。
雪からも財政難からも守った銅！

高島城

再建された天守の屋根は銅板。
かつては柿《こけら》葺《ぶ》きだった

高島城の冠《かぶ》木《き》門《もん》。天守と同時期に再
建された門の屋根も、銅板葺《ぶ》きに

新発田城

雪・風から建物を守る海鼠《なまこ》壁《かべ》が美しい。
屋根には珍しい３つのシャチホコが

弘前城

ひろさきじょう

重要文化財（天守含め9棟）
青森県弘前市下白銀町1
JR弘前駅から徒歩30分

「雪対策によって進化し、変化を遂げたお城」だと、私は考えています。

弘前城の天守や門の屋根には、もともとは一般的な土の瓦（黒い瓦）が葺《ふ》かれていましたが、雪や寒さで割れて、雨漏りを引き起こすなど問題を抱えていました。

そこで、1754（宝暦4）年から順次、寒冷地でも割れにくい銅瓦に替えていくことにしたのです。1810（文化7）年から建てられた天守にも銅瓦が葺かれました。銅瓦は木でできた瓦に銅板を貼っているため、軽く、積雪で屋根が重くなる課題にも有効です。

当時は銅色（十円玉の色）でしたが、時間が経って錆びて緑色に変化しました。

松前城

まつまえじょう

重要文化財（本丸御門）
北海道松前郡松前町松城144
JR北海道新幹線木古内駅から函館バス（松城）下車、徒歩10分

幕末に外国船への備え（海防強化）として、日本海に面した場所に建てられました。そのため、寒冷地なうえ、潮風が強いです。

厳しい自然条件から守るために、もとの天守は銅瓦でした。再建された天守は銅板葺《ぶ》き、屋根が銅の板で覆われています。さらに、窓にも銅板が使われています。

屋根も窓辺も、銅色でしたが、酸化して「緑青《ろくしょう》」という錆《サビ》が生じました。破風《はふ》が少ないシンプルな天守に緑色が映えています。

銅は高価なので、松前藩は明治時代になってお金に困ったとき、城内建物の銅板をはぎ取って売却し、窮地を脱したそうです。

高島城

たかしまじょう

市指定史跡（一部）
長野県諏訪市高島1-20-1
JR上諏訪駅から徒歩10分

1970（昭和45）年に再建された天守の屋根は銅板葺きですが、もともとはヒノキの薄い板を重ねた柿葺《こけらぶ》きでした。

冬の諏訪は最低気温がマイナス10度前後の日が数日続くこともあり、諏訪湖が凍るほど寒いです。土の瓦は寒さで割れるリスクがあるので、柿葺きにしたのは寒冷地としての対策でしょう。

ほかにも柿葺きにしていた理由があると思います。それは、地盤によるものです。

築城時は周りを湖水と湿地に囲まれ、「諏訪の浮城《うきしろ》」と呼ばれました。諏訪湖畔で地盤が弱かったため建物を軽量化する必要があり、軽い柿葺きにしたのかもしれません。

新発田城

しばたじょう

重要文化財（表門・旧二の丸隅櫓）
新潟県新発田市大手町6
JR新発田駅から徒歩約25分

天守の代わりだった三階櫓は、2004（平成16）年に木造復元されました。屋根はT字で、シャチホコが〝3つ〟鎮座しています。

それとともに特徴的なのが、壁の格子模様だと思います。壁の上に瓦を並べ、継ぎ目に漆喰を盛ることで耐久性を上げる海鼠壁《なまこかべ》です。江戸時代から現存する表門と旧二の丸隅櫓にも見られます。

冬の新潟県は、日本海から吹く強い季節風に見舞われるとともに、海上で発生した雲が流れこんできて、雪や雨の日が多くなります。新潟の降雪量の平年値が最も多いのは、1月の63センチです。

雪や季節風からお城を守る海鼠壁を見ると、夏でも、冬の日本海側の情景が浮かびます。

まだまだあります

雨対策の排水

東北では珍しい総石垣。随所に排水溝（写真上の白丸）や石樋《いしどい》（写真右）が

天守台（写真上）の石垣に、排水溝（写真左）を発見

甲府城

本丸の
石垣にある、
効果的に
排水するための
暗渠《あんきょ》

甲府城の天守台

観音寺城

伝本丸の暗渠

大石段の脇にある側溝

熊本城

天守（奥）と、二様の石垣（手前）

二様の石垣にある排
（写真の白丸）下に水の

まだまだあります 雨対策の排水

盛岡城

もりおかじょう

国指定史跡

岩手県盛岡市内丸 1-37
JR 盛岡駅から
バス（盛岡城跡公園）下車

石丁場《いしちょうば》の一つは城内にあり、石を現地調達できました。

大きい石が惜しげもなく使われていて、石に恵まれた環境を実感します。見応えある石垣が多く、壮大な〝映える石垣〟を前に写真を撮る手が止まりません。

排水溝の先にある石樋《いしどい》は、一つの石を加工してできているようです。排水にも巧みな石使いをしている様子が楽しめます。

江戸城

えどじょう

重要文化財（田安門含め３棟）

東京都千代田区千代田 1
JR 東京駅から徒歩約 5 分

江戸幕府の「天下普請《てんかぶしん》」で、各地の大名が分担して築きました。

天守台の石垣を担当したのは、加賀藩の前田家。金沢城を彷彿とさせる、美しく緻密な石垣です。下の方にある排水溝は、ちょうど石一つ分の大きさに行儀よく収まっています。

現在の天守台は１６５７（明暦３）年に起きた明暦の大火後に積まれましたが、新たな天守が建てられることはありませんでした。

甲府城

こうふじょう

国指定史跡

山梨県甲府市丸の内 1-5-4

JR 甲府駅から徒歩 2 分

本丸の石垣の下には、穴が開いています。人間の抜け穴にしては小さく、うさぎはギリギリ、ねずみは余裕という大きさです。これは人や動物ではなく、水の抜け穴です。

外からは見えない水路・暗渠《あんきょ》で、効率よく排水しています。

ちなみに、本丸の天守台に登ると富士山が見られます。お城から見る富士山はまた格別です。

観音寺城

かんのんじじょう

国指定史跡

滋賀県近江八幡市安土町石寺

ＪＲ安土駅から徒歩 90 分

※伝本丸などの「伝」は古地図に伝わるの意

標高４００メートル以上の山に築かれた山城で、石垣が多く使われているのが特徴です。

石垣を守るためには、山に降った雨をうまく排水する必要があります。伝《でん》本丸には、暗渠や、大石段と石垣の間に側溝と考えられる溝を発見できます。一方、山城では水の確保は重要で、籠城することになれば命綱です。伝本丸や伝池田丸の溜池枡で、雨水を溜めていたようです。

熊本城

くまもとじょう

重要文化財（宇土櫓含め 13 棟）

熊本県熊本市中央区本丸 1-1

JR 熊本駅からバス（桜町バスターミナル）下車、徒歩 5 分

傾斜が異なる2つの石垣が見られる「二様《によう》の石垣」は、熊本城の名物です。右は築城の名人・加藤清正が築き、左は息子の忠広が増築したと考えられています。

左の石垣の側面に、排水溝があります。その下の石垣が白っぽくなっているのは、水が流れて跡になっているようです。

坪井川沿いを歩くと、長塀の下の石垣にも排水溝が見つけられます。

まだまだあります

雨対策の外壁

屋根にも白漆喰を施した別名・白鷺城。
防水・防火性を高める漆喰

宇和島城

天守は雨や潮風から城を守る白漆喰の壁

格子の隙間から
攻撃できる武者窓《むしやまど》

犬山城

各層で、壁の違いを
見比べられる天守

岡山城

天守には、金箔瓦と
シャチホコが映える。
黒壁の烏城《うじょう》

松本城

最高級品・黒漆を塗った
ツヤのある天守は、
松本城だけ

まだまだあります　雨対策の外壁

姫路城

ひめじじょう

世界遺産／国宝

兵庫県姫路市本町68

JR姫路駅から徒歩20分

漆喰は雨に対する防水に加え、木造建築の大敵・火に対する防火にも有効です。

屋根瓦以外のすべてに白漆喰を塗ることを「白漆喰総塗籠《しろしっくいそうぬりごめ》」といいますが、姫路城はさらに瓦の継ぎ目にも白漆喰を塗っています。

2009（平成21）年から約5年をかけて「平成の大修理」がありました。修理直後は「白すぎる」とも囁かれましたが、本来の白さです。

宇和島城

うわじまじょう

重要文化財（天守）

愛媛県宇和島市丸之内

JR宇和島駅から

徒歩15分で城山登山口

かつては海に囲まれ、麓から直接海に出られるお城でした。白漆喰は、雨からも潮風からも土壁を守っていると思います。

現存する天守は1666（寛文6）年頃に建てられました。狭間《さま》も石落としもなく、平和な時代を感じます。ただ、窓は格子がついた武者窓《むしゃまど》で、鉄砲などで敵を攻撃できます。この窓を閉じると、完全に真っ白な外観です。

犬山城

いぬやまじょう

国宝

愛知県犬山市犬山北古券 65-2

名鉄犬山駅から徒歩 20 分

3種類の雨対策を一度に見られる天守です。

下から順に、1層は煤《すす》と柿渋《かきしぶ》を混ぜた墨を塗った板を張ることで土壁を守る下見板張《したみいたば》り、2層は白漆喰を厚く塗ることで柱を見せない大壁造《おおかべづくり》。3層は白漆喰ですが、柱や長押《なげし》が露出している真壁造《しんかべづくり》です。

最上階には高欄《こうらん》(手すり)と廻《まわ》縁《えん》があって、外に出られます。

岡山城

おかやまじょう

重要文化財(月見櫓・西手櫓)

岡山県岡山市北区丸の内 2-3-1

JR 岡山駅から路面電車(城下)下車、徒歩約 10 分

戦国時代に建てられた天守は黒漆が塗られていたと考えられますが、1966(昭和41)年に再建された天守には黒漆は使われていないそうです。

「令和の大改修」では、黒漆に近い黒さやツヤを調査してたどり着いた現代の塗料で塗り直されました。改修を経て、2022(令和4)年にリニューアルオープンし、以前より一層、黒く見えます。

松本城

まつもとじょう

国宝

長野県松本市丸の内 4-1

JR 松本駅から徒歩約 20 分

上質な光沢感がある黒壁は、チャームポイントの一つ。

壁の下部分を板張りにして土壁を雨から守る下見板張りです。防水性を上げる目的で黒漆を塗っているので、ツヤがある黒色をしています。

今でも黒漆の外壁がある天守は、全国で松本城だけです。

漆は紫外線に弱いため、毎年秋に地元の職人が塗り直しています。

Column

憧れのあの人が、動く、話す、舞う！
「武将隊」に会いに行こう

テーマパークのキャラクターのように、お城の世界観を高めてくれるのが武将隊です。

行列や人だかりができていることもありますが、チャンスがあれば話しかけてみましょう。

話しているとタイムスリップしたような気持ちになれますし、お城や歴史について教えてもらえます。私は写真映えスポットをおすすめしてもらったこともあります。

武将隊に限らず、ガイドをしている地元の方に案内してもらったり、偶然出会ったお城好きの方とお城愛を話したり、人との交流があると、お城への理解と愛が一層深まります。

お城での一期一会に、感謝です。

グレート家康公「葵」武将隊（岡崎城）。
榊原康政との2ショット

信州上田おもてなし武将隊（上田城）

熊本城
おもてなし
武将隊©
（熊本城）

南部武将隊（九戸城）

安芸ひろしま武将隊（広島城）

名古屋おもてなし武将隊®（名古屋城／©20
Nagoya Omotenashi Busho-Tai Secretaria

第2章
美しきかな！城で楽しむ絶景

雲海

秋の霧

レア度別！「天空の城」3選

雲海とのコラボレーションが
幻想的なお城は
いくつかありますが、
日本三大「天空の城」と
いわれる
3つのお城を紹介します。

兵庫県の竹田城は、雲海が出やすいといわれます。内陸性の気候で朝の冷えこみが強く、寒暖差が大きいからです。川でできる霧が主なため、湿度があまり関係ないことも理由です。

国指定史跡

兵庫県朝来市和田山町竹田古城山 169

JR 竹田駅から駅裏登山道で徒歩 40 分

レア度★

① 兵庫県 竹田城

たけだじょう

神秘的な空中石垣！

雲海を生み出すのは竹田城の東を流れる円山川《まるやまがわ》。水面から蒸発した水蒸気が冷たい空気に触れて水滴に変化し、「蒸気霧（蒸発霧）」が発生します。「川《かわ》霧《ぎり》」ともいい、お湯から湯気が出るのと同じメカニズムです。

霧が山の間に溜まると、竹田城の石垣だけが見えるようになります。向かいの山にある立雲峡《りつうんきょう》から眺めた姿は、まるで空中の古代遺跡です。9月から11月に見られることが多く、時間は明け方から午前8時頃です。

竹田城といえば、山の上にある石垣。豊臣秀吉（当時は羽柴秀吉）の家臣・赤《あか》松広秀《まつひろひで》が改修したときに築きました。石垣は形も大きさもさまざまな自然石を使った野面《のづら》積《づ》みで、個性豊かな石たちを観察しながらお城を歩くのが楽しいです。「日本のマチュピチュ」ともいわれています。

「秋の雲海」の正体

「雲海　秋の霧（レア度別！「天空の城」3選）」でご紹介するのは、竹田城、備中松山城（86ページ）、越前大野城（87ページ）です。いずれも目が離せなくなるほど美しくて、夢の世界のようです。

雲海に囲まれたお城は、まるで空に浮かんでいるように見えます。

実は、「雲海」という気象用語はありません。その正体は**細かい水滴の集まりで、「霧」**です。一般的な霧の基準は、見通せる距離が1キロメートル未満ですが、お城が浮かんでいるように見えるのは、もっと見通しが悪いときかと思います。濃い霧のことを気象用語では「濃霧《のうむ》」といい、地域によって基準が多少異なりますが、陸上で見通せる距離がだいたい100メートル未満です。

天空の城が見られる条件や時期

「天空の城」が見られるとき、すなわち霧が発生する条件とは何でしょうか。

前日の夜から当日の朝にかけて冷えこみが厳しいと、水蒸気が水滴に変わって霧が出ます。雲は地面から熱が逃げていくのを防ぐ〝掛け布団〟のような役割をするため、雲がないとき――つまりは晴れて風が弱い方が、冷えこみます。

寒暖差も重要で、前日の最高気温と当日の最低気温の差が大きいと霧が発生しやすいです。空気がカラカラだと水滴ができないので、湿度もある程度必要です。

　また、お城にもよりますが、秋から春にかけてチャンスがあるといわれています。その中でも狙い目の時期は、先ほどの条件が揃って濃霧が出やすい、晩秋から初冬です。

　そして、太陽が昇って気温が上がると水滴は水蒸気に戻り、霧が晴れます。天空の城が見られるのは夜明け前から朝という場合が多く、暗い時間帯からスタンバイする必要があります。特に霧が濃くなりやすいのは早朝です。一日で最も寒い時間帯なので、防寒は万全に。

秋の雲海を見るには

【時期・時間帯】
①晩秋から初冬
②早朝

【条件】※前日に濃霧注意報が出たら期待大！
①晴れ
②風が弱い（①②の結果、「冷えこみ」が厳しくなる）
③寒暖差が大きい
④湿度が高い

重要文化財（天守・二重櫓・土塀）

岡山県高梁市内山下１

JR備中高梁駅からバスやタクシー、徒歩などで「ふいご峠駐車場（八合目）」へ、徒歩20分で天守

レア度★★

②岡山県 備中松山城

びっちゅうまつやまじょう

空に浮かぶ現存天守

岡山県の備中松山城は、江戸時代以前から現存する天守で唯一の山城であり、天空の城です。

備中松山城がある高梁《たかはし》市は山に囲まれた盆地で、高梁川が流れています。気温が下がることによって、川の上で発生する「蒸気霧」や、空気中の水蒸気が水滴に変化して発生する「放射霧」が盆地を埋め尽くして、雲海になります。ただ、雲海が浅すぎても深すぎても天空の城には見えません。

ちょうどよい雲海が発生した様子を「雲海展望台」から眺めると、天守や奥の山が浮かんで見えて、雲の上の王国に来たように感じられます。雲海と紅葉の競演は言葉にならない美しさです。

９月下旬から４月上旬、明け方から午前８時頃に霧が出やすく、特に濃霧が期待できる10月下旬から12月上旬の早朝が狙い目です。２０２３（令和５）年10月から雲海の発生確率をＡＩで予測する「雲海予報」の運用が始まりました。

備中松山城は、毛利と織田の攻防が繰り広げられた場所にあり、関ヶ原の戦いまでは毛利氏の領地でした。江戸時代に城主になった水谷勝宗《みずのやかつむね》が１６８１（天和元）年から３年かけて大改修して、現在の備中松山城の全体の姿が完成したそうです。

県指定史跡

福井県大野市城町 3-109

JR 越前大野駅から徒歩 30 分

レア度★★★

③ 福井県 越前大野城

えちぜんおおのじょう

城下町を雲海が隠す

越前大野城がある福井県大野市は、水のまちです。大野盆地に「放射霧」や「蒸気霧」が出ると、麓《ふもと》の城下町が隠れ、天守がある山頂付近が浮かんでいるように見えます。

天空の城になるのが見られるのは1年にわずか10回ほどといわれ、希少です。その理由の一つは、日本海側の気候なので冬は雲が広がり雨や雪が降りやすく、霧が発生する気象条件が揃いにくいことです。

過度な期待は禁物ですが、希少価値が高い絶景を見られたときの感激はひとしおでしょう。

撮影スポットは、お城の西にある犬山(戌山城址《いぬやまじょうし》)の南出丸下《みなみでまるした》です。城下町が徐々に雲海で見えなくなって天空の城になり、雲海が薄くなって再び城下町が見えてくるという変化にも、情緒があります。

チャンスは10月から4月末頃ですが、11月頃が最も可能性が高いといわれています。時間は明け方から午前9時頃までです。

越前大野城は織田信長のもとで出世した金森長近《かなもりながちか》が4年をかけて築城し、1580(天正8)年に完成しました。1968(昭和43)年に再建された現在の天守は史実に基づく建物ではなく、貴重な品を展示する資料館として活用されています。現存する天守台の石垣は、苔《こけ》むしていて趣《おもむき》深いです。

ぶらり城下町散歩！

名水のまち、越前大野

【越前大野城】

休日には、地元ボランティア「越前こぶし組」による人力車での案内も

大野の冬の風物詩「でっち羊かん」（このページいずれも提供・大野市）

天空の城は「水」が生み出す絶景ですが、お城をつくる場所を選ぶうえで、水は重要な要素でした。

越前大野城がある福井県大野市は地下水が豊富で、今もいたるところに湧水地があり、飲むこともできます。

名水百選の「御清水《おしょうず》」は、昔はお殿様が使う水だったそうです。

日本酒や越前そばなど、名水を生かした名物もたくさんあります。「でっち羊かん」（水羊かん）は和菓子屋の丁稚《でっち》さんが、帰省先でお土産に配った羊かんが評判になって生まれたという由来も。味わい豊かな町です。

城下町もあわせてめぐれば、「水」を一層感じられると思います。

京の都を模した、
碁盤の目の町並みが広がる

お殿様が使った
とされる、
名水百選にも
選ばれた「御清水」

福井県嶺北地方で
主に食される「越前そば」。
大根おろしを必ず利用するので
「おろしそば」ともいわれる。
毎年 11 月には、
「越前おおの新そばまつり」が
開かれる

雲海

春の霧

「天空の城」は、「秋の霧」でご紹介したように標高が高いお城でしたが、平地のお城でも、霧との競演が期待できます。

撮影・石山正昭

愛媛県の今治城は朝霧に包まれやすいお城で、まるで水上に浮いているように見えることがあります。霧の向こうから太陽が昇って朝日が差しこむと、オレンジがかって神々しいです。

今治城は、日本三大海城《うみじろ》といわれています。お城を築いたのは、豊臣秀吉にも徳川家康にも才能を買われた、築城の名手・藤堂高虎《とうどうたかとら》です。

瀬戸内海に目をつけ、お城に船《ふな》入《いり》（港）を設けて、直接海に出られるようにしました。現在も、今治港として港

石垣に、牡蠣の痕跡が！

県指定史跡

愛媛県今治市通町 3-1-3
JR 予讃線今治駅から、せとうちバスで
「今治城前」下車

愛媛県 今治城《いまばりじょう》

「海城」に現れる、朝霧

の役割を担っています。

お堀には瀬戸内海から海水が引きこまれていて、クロダイやフグ、ヒラメなど海の魚が泳いでいます。潮の満ち引きによってお堀の水位が変わるのも面白いです。ほかにも、石垣には牡蠣の痕跡が見られる石があるなど、随所に「海」を感じられるお城です。

天守から今治港を眺める

「春の雲海」の正体

今治城は瀬戸内海に面した「海城《うみじろ》」ですが、これが霧の多い理由です。

瀬戸内海は陸地に囲まれているので、霧のもととなる水蒸気を多く含んだ、湿った空気が溜まりやすいのです。そのため濃い霧が出やすく、霧が長い時間続く傾向があります。

霧は、湿った空気中の水蒸気が水滴に変わって発生します。水蒸気のときは目に見えませんが、たくさんの水滴になると白く見えるようになるのです。

発生する霧は2種類

瀬戸内海で発生しやすい霧は、主に2種類あります。

一つは、暖かい空気が冷たい海上に流れこみ、冷たい水に冷やされて空気中の水蒸気が水滴に変化することで発生する「移流霧《いりゅうぎり》」です。「海霧(うみぎり、かいむ)」ともいいます。

もう一つは、性質が違う空気がぶつかる前線の近くで、湿った暖かい空気が冷たい空気に冷やされることによって水蒸気から水滴に変わる「前線霧」です。

瀬戸内海で霧が出やすいのは、3月から7月にかけてです。霧の発生日数は、春先から一気に増え、梅雨明けとともに急激に減ります。

複雑な気象を知り尽くした村上海賊

晴れている日に陸から瀬戸内海を見ると、瑠璃《るり》色の海の美しさに心が洗われます。ただ、船乗りにとっては難しい海だそうです。理由の一つは霧。濃い霧が出ると、20～30メートル先が見えないこともあります。

さらに航海を難しくしているのは、潮の流れです。大小の島がたくさんある瀬戸内海は、地形や潮の満ち引きによって複雑な潮流が生まれます。「鳴門《なると》の渦潮《うずしお》」もその一つ。昔の船はエンジンがなかったので、今よりずっと航海が難しかったはずです。村上海賊は、海賊といっても略奪をメインとするパイレーツではなく、瀬戸内海の水先案内人として、収入を得ていたそうです。

春の雲海を見るには

【時期】
春先から梅雨明け（3月から7月）

【条件】※前日が雨で、翌朝、晴れたときがチャンス！
①「移流霧」（海霧）の発生＝気温が高くなるとき、暖かく湿った南西風が吹くとき
②「前線霧」の発生＝低気圧や前線が九州や四国・中国地方にあるとき

出典・『瀬戸内海の気象と海象』
（海洋気象学会発行／2013年）

松本城の、月見の宴（現在は開催していません）。
あかりが灯っているところが月見櫓
（提供・松本経済新聞）

松本城は、徳川家康から豊臣秀吉に主君を替えた石川数正《かずまさ》と息子・康長が大規模な改修をしました。大天守《だいてんしゅ》、渡《わたり》櫓《やぐら》、乾小天守《いぬいこてんしゅ》は、戦国時代末期の１５９０年代にできたと考えられています。

江戸を治めていた家康を見張るための秀吉側のお城で、長野県にある上田城や高島城、小諸城《こもろじょう》などとともに、秀吉は「江戸包囲網」を形成していたそうです。

地盤が弱い場所なので、１０００トンもの重さがある大天守を支えられるように、実は天守台の石垣の内側には16本の太い丸太杭が立てられていました。また、石垣が沈まないように、堀底に丸太を筏《いかだ》のように敷きつめて、その上に胴木《どうぎ》を２本置いてから石垣を積

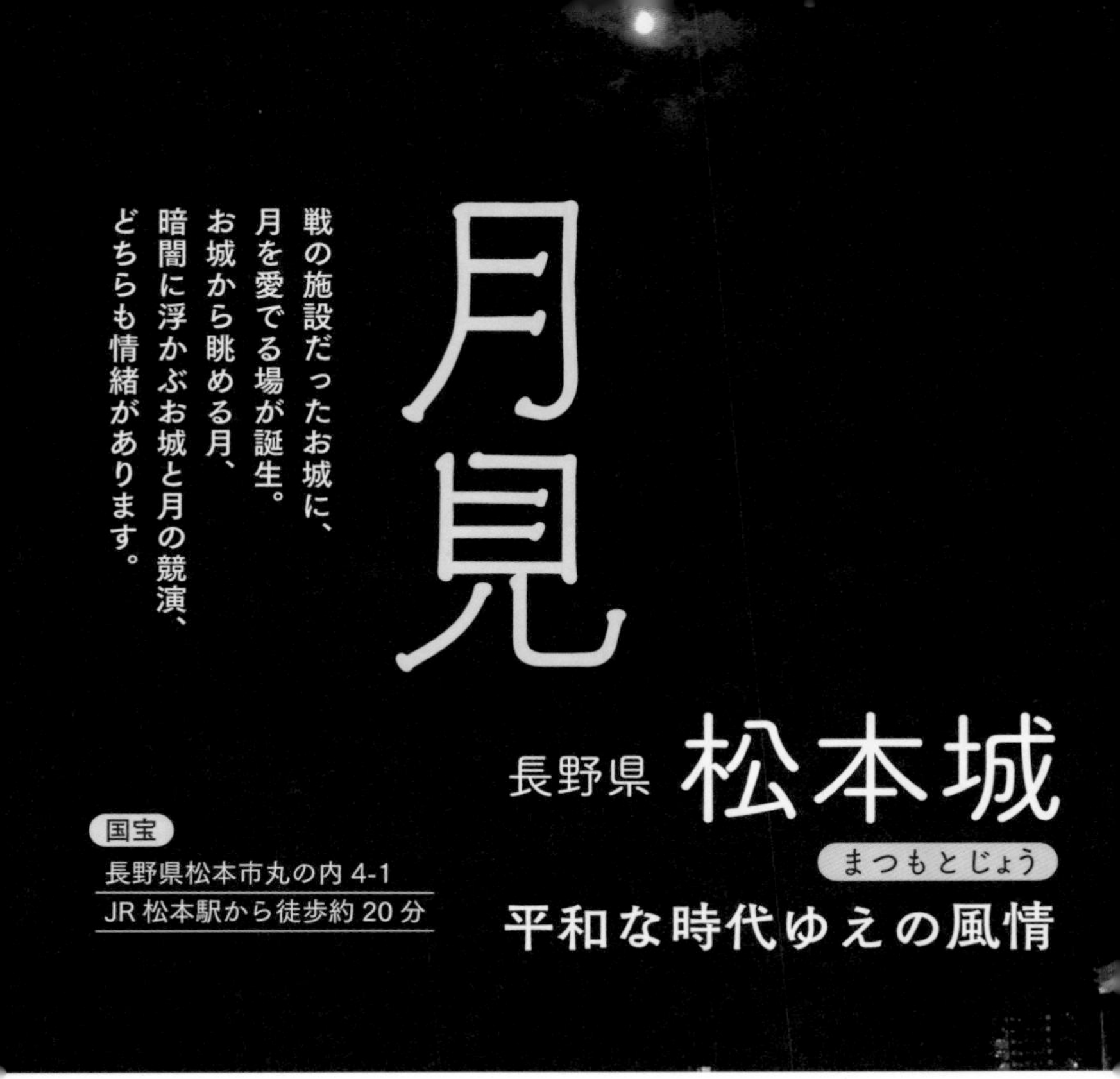

月見

戦の施設だったお城に、
月を愛でる場が誕生。
お城から眺める月、
暗闇に浮かぶお城と月の競演、
どちらも情緒があります。

長野県 松本城

まつもとじょう

平和な時代ゆえの風情

国宝

長野県松本市丸の内 4-1

JR 松本駅から徒歩約 20 分

んでいます。隠れたところに土地に合わせた築城の工夫があるのです。

月見櫓を中から見た様子（提供・松本城管理課）

三代将軍・家光をもてなすためにつくられた月見櫓

長野県にある国宝・松本城の「月見櫓」は、お月見をするための櫓。戦国時代には考えられない、平和な江戸時代の発想です。

当時の城主・松平直政は、三代将軍・徳川家光のいとこでした。1634（寛永11）年に家光が松本城に来ることになったので、月見の宴でおもてなしをするために、前年の1633（寛永10）年から櫓を増築したそうです。

昼間の月見櫓の中は明るく、とても開放感があります。三方はすべて大きな戸で、外からの日差しがたっぷり差しこんでいるのです。戸を外すと、さらに視界が広がり、屋内からお月見ができるように考えられています。月見櫓から見上げる月は、きっと格別に美しいでしょう。山の稜線の上に月が輝く様子を肴《さかな》に地酒を飲んだら最高だろうなと、妄想が膨らみます。

昼間の月見櫓からは、美しい山々を眺めることができます。松本市は周りを3000メートル級の高い山に囲まれた盆地です。内陸性気候で1年を通して湿度が低く、空気が澄んでいるので遠くまでよく見えます。深呼吸をしたくなる気持ち良さです。

外側に赤い高欄《こうらん》（手すり）があるのも優美に感じられます。外から見たときに、全体的に黒い天守群のアクセントとして高欄の赤が映えています。

さて、江戸時代の話に戻りますが、実は結局、家光は来ることができませんでした。ただ、月見櫓が増築されたことで松本城の魅力が多様になったと私は思います。

一つの城に、「戦」と「平和」が共存

松本城は、「戦」と「平和」という、2つの顔をもつお城です。
戦国時代に建てられた大天守《だいてんしゅ》、渡櫓《わたりやぐら》、乾小天守《いぬいこてんしゅ》、江戸時代に増築された辰巳附櫓《たつみつけやぐら》と月見櫓の5つの建物が繋がって、天守群を構成しています。

「戦」の時代（戦国時代）の建物には、弓矢や火縄銃で敵を攻撃するための穴・狭間《さま》が115カ所もあります。また石垣を登ってくる敵に、石を落としたり火縄銃を撃ったりしてお城を守るための石落としも見られます。窓は、太い格子がついた武者窓《むしゃまど》（竪格子窓《たてごうしまど》）で、敵の攻撃を防ぎつつ火縄銃を撃つことが可能です。さらに、天守の目の前にあるお堀の幅は約60メートル、これは火縄銃を精度よく撃てるギリギリの距離です。このように、戦うための設備が各所に整っています。

一方、「平和」な江戸時代に建てられた辰巳附櫓や月見櫓には、攻撃や防御の仕掛けは見当たりません。心穏やかにくつろげる空間です。順路通りに歩いていくと、一気に雰囲気が変わるので驚きます。

対照的な建物が繋がっていて、戦国と江戸の価値観の違いを体感することができるのが、松本城の個性です。このギャップを楽しんでください。

ぶらり城下町散歩！

名城下町も、城の防御施設のひとつ

【松本城】

中町通りには、
蔵づくりの建物が並ぶ

松本市は、松本城の城下町として発展しました。

日本の多くのお城は、周辺を城壁で囲んでいません。そのため、城下町にはお城を守る役割もあり、攻めてくる敵への防御が考えられています。

例えば、道が鉤形に曲がっていたり、丁字路（T字路）で行き止まったり、2本の道が十字ではなく食い違って交差したりしているのは、直進できないようにして敵の移動を遅らせる工夫です。

一方通行が多く、道が狭くて、車だと運転しづらく感じられるかと思います。家族と松本城に行ったとき、運転席の父は少し大変そうでしたが、助手席の私は城下町らしい道にワクワクしました。

城下町らしいといえば、「中町

江戸時代の城下町を再現した
縄手通り

縄手通りにある
「たい焼き ふるさと」の、
天然の「一本焼き」
（一つ一つ独立した
鋳物の焼き型で焼く、
昔ながらの製法）

通り」はタイムスリップしたような気持ちになれます。海鼠壁《なまこかべ》（格子状の壁）が美しい蔵づくりの建物が並んでいて、白と黒で統一されたシックな通りです。レトロな看板がかわいかったり、地酒を飲める酒屋さんがあったり、蔵の中でお茶とスイーツを味わえたり、つい長居してしまいます。

　また、カエルのキャラクターがかわいい「縄手《なわて》通り」は、江戸時代の城下町を再現しています。雑貨店や飲食店が多く、歩いていると目移りする楽しい道です。私が松本を訪れるたびに食べるのは、今では珍しい「1本焼き」のたい焼きです。一気に複数のたい焼きを焼くのではなく、1つずつ型で焼く昔ながらの焼き方で、パリッとした薄皮がたまりません。

月見櫓の本来の役割は、見張り台

月見櫓を備えたお城は他にもあります。ただ、松本城のように当初からお月見のために櫓を建てたのは稀《まれ》です。

多くのお城では、本来の目的は「月見」ではなく「着見《つきみ》」でした。文字通り、到〝着〟を〝見〟るための見張り台だったのです。読み方は同じですが「着見櫓」から「月見櫓」に変わった可能性があったり、両方を表記していたりします。

例えば、**香川県の高松城**は瀬戸内海に面している「海城」で、当時はお城から海に直接出ることができました。海の様子を見るのに、月見櫓は絶好の位置にあります。月見櫓から船の往来を監視したり、参勤交代から船が帰り着くのを見ていたようです。

もしここでお月見をしたら、瀬戸内海に月光が映って光の道が海上に現れるのが見えるでしょうか。月明かりに照らされた海には、吸いこまれそうな神秘的な空気が漂っていそうです。

また、**広島県の福山城**にある月見櫓も見張り台として機能していたといわれています。街道や城下町が見える天守の南側にあって、参勤交代などのときに城主が帰り着くのを見ていたのではないでしょうか。今は目の前にJR福山駅のホームがありますが、当時は瀬戸内海に面していたので、船の往来も監視していたと思います。

滋賀県の国宝・彦根城には、着見台（着見櫓跡）があります。現在は石垣だけで櫓はのこっていませんが、石段を登ると見晴らしがよいです。城下町や琵琶湖が見えるため、城下を行き交う人々や湖上の船の往来を監視していたと考えられます。

正式名称は「着見台（着見櫓跡）」ですが、お月見にもぴったりの場所なので愛称で「月見台」ともいわれるそうです。

高松城の月見櫓

福山城の月見櫓（手前）と天守（右奥）

彦根城の着見台（着見櫓跡）

ぶらり城下町散歩！

江戸時代の町割りがそのままに

【彦根城】

近江牛がいただける
飲食店もたくさん。
牛肉巻きおにぎりも人気

町家風の建物に統一された
「夢京橋キャッスルロード」

彦根城ができたときに町割《まちわ》り(＝区画整備)をしてつくられた城下町が、400年以上たった今も残っています。

1604(慶長9)年、最初に町割りが行われたのが本町《ほんまち》です。お城から見て京都方面に位置し、重要な場所だったと考えられます。

本町を通る京橋通りは、江戸時代は彦根藩御用達の商人や藩の施設が集まる中心地でした。今は「夢京橋キャッスルロード」といわれ、ご当地グルメやお土産を扱うお店が軒を連ねています。

食べ歩きにおすすめなのが近江牛のコロッケや牛寿司。湖魚《こぎょ》の佃煮や鮎寿司などは琵琶湖に面した彦根らしい名物です。

江戸時代に井伊直弼《なおすけ》が彫った木型で落《らく》雁《がん》を作り納めていたという和菓子屋さんに、同じデザインのお菓子がありました。「夢京橋キャッスルロード」から少し入ったところなどには、江戸時代の町家があります。

江戸期創業の和菓子屋
「いと重菓舗」による、
井伊直弼が作らせた落雁と同
デザインのお菓子
「柳のしずく」
（提供・いと重菓舗）

「城下町彦根の
まちやの宿 本町宿」は、
江戸時代からの
町家を改装した宿泊施設
（提供・NPO 法人
ひこね文化
デザインフォーラム）

大正ロマンの空気が漂う「四番町スクエア」

彦根市キャラクター
「ひこにゃん」と一緒に（© 彦根

絶壁

日本は、世界有数の火山大国です。火山の影響でできた土地を生かしたお城には、独特の特徴と魅力があります。

ここでは、火山灰などを起源とする台地や地層と、それゆえに美しい「絶壁」がつくられたお城をご紹介します。

鹿児島県 知覧城《ちらんじょう》

シラス台地を生かした、超！ ダイナミックな堀

知覧城空撮（提供・南九州市）

国指定史跡

鹿児島県南九州市知覧町永里
JR 鹿児島中央駅から
バス（知覧）下車、徒歩約 20 分

シラス台地のお城の代表例ともいわれる、中世山城。標高約１７０メートルのシラス台地を生かした大規模なお城で、空堀《からぼり》の高低差に感動しました。その深さは、平均で３０メートルといわれています。土を盛って固めるというよりも、ブルドーザーでごそっと土を削ぎ取ったかのようなお堀です。

お堀の上にある曲輪《くるわ》からは、曲輪下にいる敵が丸見え！

宮崎県 都於郡城

とのこおりじょう

気持ちがいいほどの、断崖絶壁

三の丸の絶壁

国指定史跡

宮崎県西都市荒武鹿野田
JR 佐土原駅からバス（宮崎交通西都営業所）、
そこから乗り換えバス（都於郡）下車、徒歩 10 分

本丸跡と二の丸跡の間には、深さ１０メートル、幅２０メートルくらいはありそうな巨大な空堀が

シラス台地の特性上、垂直に切断されることで安定するため、お堀も断崖絶壁に。

整備されているので、街歩き用のスニーカーでも大丈夫です。春は鶯《うぐいす》の鳴き声が聞こえ、気持ちよくお散歩ができました。

神奈川県

小田原城

おだわらじょう

関東ローム層の滑りを生かして

小峯御鐘ノ台大堀切
（提供・かみゆ歴史編集部）

小田原城の小峯《こみね》御鐘《おかね》ノ《の》台《だい》大堀切《おおほりきり》。関東ローム層の特徴といえる、粘土質の土でできたダイナミックなお堀に圧倒されます。

小田原城は城下町ごと、ぐるっと土塁やお堀で囲まれています。総距離9キロメートルにもおよぶ「惣構《そうがまえ》（総構）」です。北条氏が小田原の民を守ろうとしていた姿勢を感じます。

国指定史跡

神奈川県小田原市城内
JR 小田原駅から
徒歩約 10 分

九戸城のお堀も、見事な絶壁！　十和田《とわだ》火山が噴火したときの噴出物でできた地層によるもの

岩手県

九戸城

くのへじょう

国指定史跡

岩手県二戸市福岡字城の内
東北新幹線・いわて銀河鉄道
JR 二戸駅からバス（呑香稲荷神社前）
下車、徒歩 5 分

シラス台地

急勾配な土の壁、上が見えないほどの深いお堀、空から見ないと全体像が分からないスケールを誇る九州南部のお城は、シラス台地を生かしてできています。「シラス」とは、白い砂という意味の方言です。シラス台地は、火山が噴火したときに出た火山灰や軽石などが堆積してできた白っぽい地層です。鹿児島県の半分以上はシラス台地で、宮崎県や熊本県の一部にも分布しています。水はけがよすぎるため、米づくりには向かず、乾燥に強いさつまいもが多く栽培されるようになりました。

シラス台地は、なだらかな斜面になっていると雨で崩れやすく、垂直に切断されることで安定するという特徴があります。このため、土の壁で築かれた、急勾配で深いお堀ができるのです。

鹿児島県の知覧城や**宮崎県の都於郡城**《とのこおりじょう》は、本丸などの曲輪《くるわ》同士の間に空堀があり、断崖絶壁で守られています。

お堀の中に入ると周辺の景色が見えず、移動している間に方向感覚を失います。自分がどの方角に向かって歩いているのかが分からなくなりました。まるで迷路のようです。

一転、曲輪の上は、とても見晴らしがよくて爽快です。

関東ローム層

関東といえば「土の城」。滑りやすい赤土《あかつち》の土塁やお堀があれば、石垣いらずです。

関東近郊には富士山、箱根山、浅間山など、火山が多くあります。関東ローム層は、火山の噴火による火山灰や風で運ばれた塵などが積もってできました。

火山灰であれば白色や黒色のはずですが、なぜ赤土なのか？

それは、火山灰の中に鉄の成分が含まれているからです。鉄が酸化することによって、赤っぽい色（褐色）になっています。つまり、**色の正体は鉄サビ**です。服につくと落ちにくいので、お城めぐりの服装選びは注意してください。

また、**関東ローム層には粘土鉱物が含まれていることが多いため、粘土質で滑りやすい**です。

神奈川県にある小田原城の城主だった北条氏が、豊臣秀吉が攻めてくることに備えて築いた「惣構《そうがまえ》（総構）」をめぐると、関東ローム層の強みを、身をもって感じられます。小峯《こみね》御鐘《おかね》ノ《の》台大堀切《だいおおほりきり》の堀底に立つと、お堀が深く、土は滑りやすく、「これはとても登れない」と戦意喪失しました。おそるべし関東ローム層です。

東北にも、火山を生かしたお城がある

岩手県の九戸《くのへ》城《じょう》にも、絶壁がありました。「これはもしかして！」と思って南部武将隊（79ページ）に聞いてみたところ、十和田《とわだ》火山が噴火したときの噴出物でできた地層だと教えていただきました。

「絶壁アンテナ」を張ってお城をめぐると、新たな発見があるかもしれません。

青石

日本は地質が複雑なため、
国土がそれほど
広くないのに
多種多様な石を
産出しています。
お城にも色々な石が
使われているので、
石に注目すると
楽しみが増えます。
中でも「青石《あおいし》」は、
天気で色合いが
変わる美しい石です。

和歌山城天守と、御橋廊下

西之丸庭園

和歌山県 和歌山城

わかやまじょう

「紀州青石」をふんだんに使用

豊臣秀吉の弟・秀長が築城し、江戸時代には徳川御三家である紀州徳川家のお城になりました。自然石を積んだ野面《のづら》積《づ》みの石垣や、西之丸庭園に、和歌山県産の「紀州《きしゆう》青石《あおいし》」が多く見られます。藩主や側近専用の「御橋廊下《おはしろうか》」は、斜めにかかっていて、全国的にも珍しいです。

国指定史跡

和歌山県和歌山市1-3
南海和歌山市駅から
徒歩約10分

徳島県

徳島城

とくしまじょう

「阿波青石」の大きさに衝撃！

徳島城の石垣

豊臣秀吉の重臣だった蜂須賀正勝（小《こ》六《ろく》）の息子・家政が築城しました。石垣には、徳島県産の「阿波青石《あわあおいし》」が使われています。また、旧徳島城表《おもて》御殿《ごてん》庭園にも青石が多用されています。長さ10メートルもある青石の橋は、一つの石とは思えない、衝撃的な大きさです。

旧徳島城表御殿庭園の巨大な青石
（撮影・縄手真人）

雨の日に、いっそう輝く名石

青石の魅力は、やはり独特の青緑色です。凛とした色にハッとすることもあれば、空の青色と木の緑色の中間色に癒やしを感じることもあります。見たときの心情が表れているのかもしれません。

そんな青石は、水に濡れると色が鮮やかになるため、雨が降ると青緑色が濃くなります。晴れている日も美しいですが、雨の日にはまた違う味わいがあり、どこか神秘的です。

青石はその美しさから庭石としても重宝され、産地の地名がついたブランド石として扱われています。

和歌山城では、和歌山県産の「紀州青石《きしゅうあおいし》」が、徳島城では、徳島県産の「阿波青石《あわあおいし》」が見られます。なお、福井県産の「越前青石《えちぜんあおいし》」が使われている丸岡城は、第1章の「雪」でご紹介しました（26ページ）。

青石が使われているお城に行くときは、雨でもラッキー！　そう、「雨の日にこそ行きたいお城」といっても過言ではありません。

第3章
天気を読んだ名将

徳川家康

天下分け目の戦いの勝敗は、「霧」が分けた⁉

【関ヶ原の戦い】

わずか6時間で決着がついた

1600（慶長5）年9月15日、徳川家康が率いる東軍と、毛利輝元・石田三成が率いる西軍が、岐阜県の関ヶ原《せきがはら》で激突。豊臣秀吉の死後、豊臣政権内の争いをきっかけに全国の大名を巻きこんで行われた、天下分け目の「関ヶ原の戦い」です。

東軍は、徳川家康を総大将に福島正則や黒田長政、秀吉が亡くなる前から家康に接近していたという藤堂高虎《とうどうたかとら》も加わっています。西軍は、毛利輝元を総大将に、実質的には石田三成や宇喜多秀家《うきたひでいえ》を中心に構成されました。

はじめ長期戦になるであろうと思われていましたが、東軍の勝利をもって、わずか6時間ほどで決着したといわれています。

家康は、秋によく出現する天気の〝サイン〟を捉え、それを巧みに使って東軍を短時間で勝利に導いた可能性があると私は考えます。しかもその天気に、多くの武将が翻弄されました。

その天気とは――「霧」です。

裏切り、裏切られ

関ヶ原の戦いでは、裏切り者や、戦地に赴いたものの戦わなかった者がいました。

家康と三成は、各国の大名に書状を送るなどして自分の味方につくように説得し、結果として東軍と西軍に分かれたという経緯があり、お互いに一枚岩ではありませんでした。頼まれたからとりあえず加わった者もいれば、家康か三成のことが嫌いだから逆の軍に加わった者、条件がよい方に加わった者もいます。裏切り者が出やすい状況です。

西軍を裏切った武将として有名なのは、小早川秀秋《こばやかわひであき》です。大軍を率いていた秀秋の裏切りは、東軍の勝因とも考えられています。

秀秋は、毛利輝元や、その家臣の吉川広家《きつかわひろいえ》とも親戚関係です。そんな秀秋が西軍を裏切って東軍に味方したのは、なぜでしょう？　よく語られているのは、**合戦が開始して時間が経っても、なかなか動こうとしない秀秋に対して、家康が鉄砲を撃って裏切りを催促したという話**です。

一方で、**秀秋は家康と通じていて、はじめから東軍に味方するつもりだったという説が、近年は有力**になっています。でもそうだとしたら、合戦が始まってもなかなか動かなかったことが疑問です。

なぜ、秀秋は「動かなかった」のでしょうか――。

私は、小早川秀秋の行動にも、天気が関わっていたかもしれないと考えています。

合戦当日の朝、3種類の濃い霧が立ちこめた

合戦前日の9月14日は、夜から雨が降ったそうです。

西軍の石田三成はその夜に大垣城を出て、西軍の主力を関ヶ原に先回りさせたので、雨に濡れながらの移動になりました。

新暦で10月後半。冷たい雨に濡れて、体力を奪われる行軍だったはずで、西軍の主力部隊は戦う前からヘトヘトだったのではないでしょうか。この時点で三成は天気を味方につけられていないように感じられます。

合戦当日は、明け方に雨が止みましたが、**霧が濃くて敵と味方が区別できないほど**だったそうです。

霧は、「地面に接した雲」ともいい、細かい水滴の集まりです。空気中の水蒸気は見えませんが、空気が冷えて水蒸気が凝結し、水滴になると私たちの目には白っぽく映り、見通しが悪くなります。見通せる距離が、1キロメートル未満は「霧」、1キロメートル以上のものは「靄《もや》」と呼びます。

前日から雨が降っていた状況を踏まえると、暖かい空気と冷たい空気が接する前線付近で発生する「前線霧」が出ていたのでしょう。暖かい空気が冷やされ、空気中の水蒸気が水滴に変わってできる霧です。それに加えて、湿った空気が山を上昇する間に、水蒸気が水滴に変わることで発生する「上昇霧（滑昇霧《かっしょうぎり》）」も出ていたと考えられます。さらに明け方に雨が止んだあとは、朝にかけて気温が下がり、「放射霧」が発生したはずです。

時間の経過とともに晴れてきたものの、再び霧がかかってきたという記録もあり、すぐには解消しなかったようです。

慎重な西軍と、攻めの姿勢の東軍

ついに東軍の家康は「関《とき》の声をあげよ！」と命令して、霧が完全には晴れないうちに進軍を始めます。西軍からも鬨の声があがって、合戦が開始されました。

霧の中で動きが摑《つか》めないので、西軍は様子を窺《うかが》っていたそうです。すると、東軍の福島正則や黒田長政が、西軍の石田三成や宇喜多秀家、大谷吉継《よしつぐ》を攻め、いきなり主力同士の対決が始まりました。

慎重な西軍とは対照的な東軍の攻めの姿勢には、家康の「霧を味方につけよう」という思惑が想像できます。家康は両軍が一枚岩ではないことを分かっていたので、**霧の影響で動けない軍勢もいる状況下で一気に主力を叩いて東軍が勢いづいたら、西軍から寝返る者が続出するのではないかと考えた可能性**があります。

秀秋は高いところに、家康は最も低いところに布陣した

小早川秀秋は、そのときどうしていたでしょうか。

その前に一つ、標高と霧の濃淡について綴っておきましょう。日差しで地面が暖められると、水滴が水蒸気に変わって霧が晴れるため、地上付近の「前線霧」や「放射霧」は下層から解消します。一方、山など標高が高いところは、「上昇霧（滑昇霧）」の影響もあり、なかなか霧が晴れません。合戦当日に想定される3種類の霧が出ている場合、標高が高いところの方が地上より見通しが悪い時間が長く続きます。

秀秋が布陣していた松尾山城《まつおやまじょう》は、標高約300メートルの松尾山山頂を中心にしていました。三成が陣を置いたのは標高約200メートルの笹尾山《ささおやま》の山頂、家康は標高約100メートルの桃配山《ももくばりやま》の中腹に布陣したといいます。**三者の中で家康の陣が最も早く霧が薄くなり、**状況を捉えることができたはずです。**標**

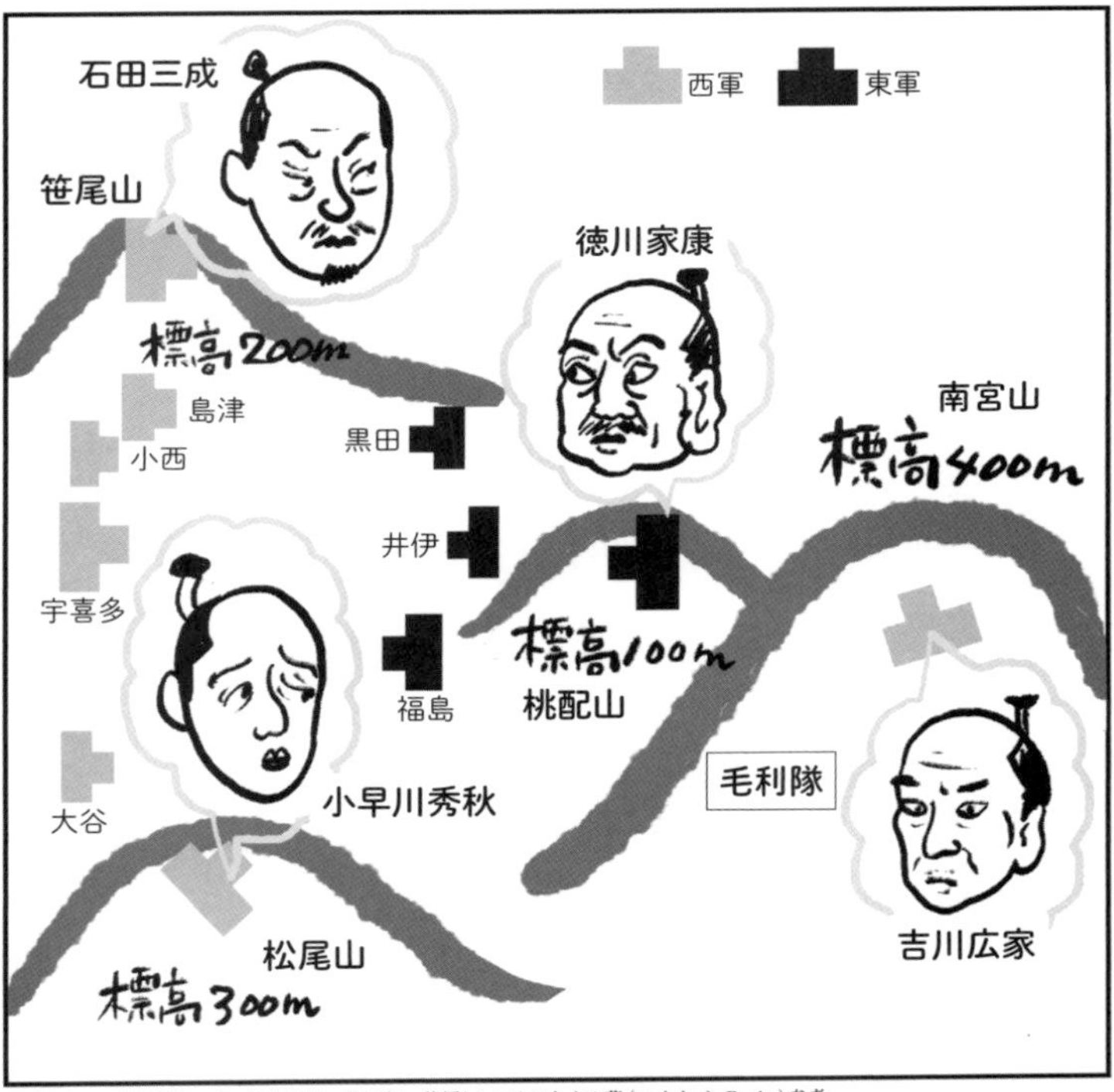

「歴史1コマ事件簿 Part2　第3回関ヶ原の戦い 後編」みかゆめきよみ著（マイナビ eBooks）参考

高が高い松尾山城の霧が晴れるのには時間がかかり、秀秋の判断が遅くなったのかもしれません。周囲が見えるようになった頃には、両軍の主力が激闘を繰り広げていたと考えられます。それなのに、親戚の吉川広家を含めて毛利勢は戦っていないし（次段で後述します）、なんといっても**西軍総大将の毛利輝元は、関ヶ原に来ていませんでした**――豊臣秀吉の息子・秀頼と行動を共にしていて、大坂城にいたのです――。そんな状況を目の当たりにしたら、家康からの銃撃がなくても、西軍を裏切ったことはありえます。はじめから東軍の味方をしようと決めていたとしても、単に霧で周辺がよく見えなくて動き始めるのが遅れたのかもしれません。

いずれの理由にせよ、「動かなかった」小早川秀秋の眼前には、その心を代弁するかのような霧が立ちこめていたわけです。

霧を言い訳にしているけれど、その実は？

ちなみに、霧を言い訳にした者もいました。毛利氏の家臣・吉川広家です。

前述のとおり、西軍総大将・毛利輝元が関ヶ原に来ることはなく、あっという間に西軍は敗北してしまいました。関ヶ原の戦いが終わった後、広家は輝元に、『吉川広家自筆覚書案《きつかわひろいえじひつおぼえがきあん》』を送り、毛利勢が出陣しなかった理由を伝えています。

複数挙げられている理由の一つに、霧がありました。濃霧のせいで合戦の様子が分からなかったと、弁明しているのです。

毛利勢がいた南宮山《なんぐうさん》は標高約400メートル、小早川秀秋が布陣した松尾山よりさらに100メートルくらい高い場所です。標高が高いほど、霧が晴れるのは遅くなります。霧の可能性を考えたら、陣を敷くには適さない場所です。

ただし霧を言い訳の一つに挙げていますが、実はこの広家、**「毛利勢が参戦しないことを条件に、毛利氏の領地は保証する」という約束を密かに家康と交わしていました。**この密約があったため、関ヶ原の戦いの後も毛利氏は存続できたのです（保証すると約束していたはずの毛利氏の領地は大幅に削られてしまったのですが……)。「動かなかった」本当の理由は、大将のために秘密裏に工作していた、家臣の事情がありました。

野戦が得意な家康の算段

家康が桃配山の中腹に布陣したのは縁起のよい場所だったからともいわれていますが、野戦が得意な家康なら、霧の〝サイン〟を、事前に察知していたかもしれません。そのため、霧が早く晴れる、標高が低い桃配山、さらに、山頂ではなく中腹を選んだと推測できます。

霧は秋の季語で、昔から秋は霧が出やすい時期と知られています。**関ヶ原の戦いがあった頃は霧のシーズンでした。**

さらに、関ヶ原は南北を山に挟まれていて、霧が出やすい盆地です。

家康は、時期や場所から、霧が出る〝サイン〟を捉えていたのではないでしょうか。三成もそのことに気づいていたら、展開が違った可能性があります。

関ヶ原の戦いから3日後の9月18日、三成の居城だった佐和山城は落城して、10月1日に三成は京都で処刑されました。

一方、家康は関ヶ原の戦いの勝利で強大な力を得て、1603(慶長8)年に江戸幕府を開きます。霧の〝サイン〟への気づきが、天下を分けたのかもしれません。

毛利元就

台風の渦中、〝まさか〟の奇襲で勝利！

【厳島《いつくしま》の戦い】

みやのおじょう

宮尾城

特別史跡名勝（厳島全島）

広島県廿日市市宮島町 厳島要害山

JR 広島駅から宮島口駅へ（約 30 分）。JR 宮島フェリーで宮島桟橋へ（約 10 分）。徒歩 8 分

左・「大日本名将鑑 毛利元就」（画・月岡芳年／所蔵・東京都立中央図書館）暴風雨の中で渡海する毛利元就

大日本名将鑑
右馬頭後陸奥守と改む安芸に住す智勇兼備の良将なり始め大内義隆に随て尼子晴久と戦ひて連年勝敗なし又大内の臣陶晴賢が其主を弑せしを悪み
に討て一戦に是を亡し周防長門を取り出雲を陥し尼子を降し又大内を豊後に抜き勇威日々に震ひ遂に中國十ヶ國を所領とす元亀元年六月卒す
長州侯中興の祖なり
毛利元就
應需 芳年
御届明治十三年二月廿日
画工 月岡米次郎
出板人 船津忠次郎

日本三大奇襲戦の一つ

桶狭間《おけはざま》の戦い、河越《かわごえ》の戦いとともに、日本三大奇襲戦といわれる「厳島《いつくしま》の戦い」（源義経の一の谷の戦い〈鵯越《ひよどりごえ》の逆落《さかお》とし〉を含む説もあります）。

一般的に奇襲戦は、正面からぶつかったら敵わないであろう相手に対して、意表をついて攻撃することで勝機を見出すためにとる戦い方です。

1555（天文24）年10月1日の厳島の戦いでは、毛利元就《もとなり》が奇襲攻撃を仕掛けて、陶晴賢《すえはるかた》が率いる約5倍の軍勢に勝利しました。数の上では圧倒的に有利だったはずの陶軍はまともに応戦できず、その日のうちに陶晴賢は自害したのです。

元就は、息子たちに一族の結束の重要性を「三本の矢」にたとえて説いたことなど、知将として知られています。

その元就が厳島の戦いに勝利できた背景には、荒天をも味方につけた知略がありました。

毛利元就VS陶晴賢——水運の要所・厳島を抑えよ

戦いの舞台は嚴島神社で有名な、広島県の厳島です。最前線となった毛利軍のお城は、宮島港のすぐ近く、要害山《ようがいさん》にある宮尾城《みやのおじょう》。標高は約30メートルしかないものの、周辺は急峻で攻めにくいお城でした。また、現在は埋め立てられていますが、当時はもっと海に近くて、水軍の城でもありました。

厳島の戦いから遡ること4年、1551（天文20）年に陶晴賢（当時は陶隆房《すえたかふさ》）は、主君の大内義隆に謀反を起こして、自害に追いこみました。大寧寺《たいねいじ》の変といわれるこの事件後、陶晴賢は大内義長（大友晴英）を擁立し、大内氏の実権を握ります。大内氏に仕えていた元就は、大寧寺の変の後も陶晴賢と通じて勢力を拡大しましたが、次第に両者は対立しました。

今よりずっと水運が重要だった当時、水上交通の要衝だった厳島はお互いに抑えたい場所でした。さらに、軍略に優れた元就は、狭い厳島であれば少ない軍勢でも勝機があるかもしれないと考えます。元就は厳島を占拠して宮尾城を改修し、陶晴賢から元就に寝返った武将を置いて、挑発。ほかにも偽の噂を流したり書状を送ったり、陶晴賢を厳島におびき出す計略を巡らせたそうです。

そして1555（天文24）年9月21日、陶晴賢は約2万人の軍勢を率いて厳島に上陸し、宮尾城に攻め入りました。このとき毛利元就は不在でしたが、宮尾城を守っていた毛利軍は300～500人ほどだったといわれています。

陶軍約2万人に対して、毛利軍はその後の援軍を含めて約4000人。両軍の人数については諸説あるものの、圧倒的な差があったことには変わりありません。幸いにもこのとき宮尾城の落城は免れましたが、毛利軍がこの「差」を覆すには、奇襲するしかないと考えたのではないでしょうか。

奇襲前夜、台風襲来か

奇襲（10月1日）の前夜である9月30日、いよいよ毛利元就率いる毛利軍が厳島に渡ろうとすると、雨の降り方が強まってきました。雨だけでなく風も強く吹き、雷が轟き、大荒れの天気となったようです。この時期の雨というと、秋雨前線ということも考えられますが、嵐のような様子だったのであれば、台風が接近していたのではないでしょうか。

厳島の戦いがあった日は、新暦で１５５５年10月16日です。今使われている平年値では、７月から10月にかけてが日本への台風の接近数や上陸数が多い時期です。例えば、２００４（平成16）年に１００人近い死者を出した台風23号、２０１７（平成29）年に「超大型」で静岡県に上陸した台風21号、２０１９（令和元）年に長野県の千曲川《ちくまがわ》が決壊した「令和元年東日本台風」は、10月に日本に大きな被害をもたらしました。**10月の台風襲来は十分にあり得る話です。**

厳島の戦いに話を戻します。９月30日の夜、毛利軍は厳島に上陸しました。暴風雨によって視界が悪く、渡航は大変だったはずですが、敵に気づかれにくかったのは元就にとってラッキーです。

一方の陶晴賢《すえはるたか》は、こんな大荒れの天気の中、毛利軍が攻めてくることはないだろうと思っていたのでしょう。

いよいよ10月１日、毛利本軍と小早川隆景《こばやかわたかかげ》が率いる別働隊が陶軍の本陣を挟み撃ちにしました。海では、毛利が味方につけた村上海賊（水軍）が陶水軍を攻撃して、船を焼き払います。

すっかり油断していた陶軍は驚きました。『棚守房顕覚書《たなもりふさあきおぼえがき》』には「陶、弘中ハ一矢モ射ズ、西山ヲサシテ引キ退ル」と、総崩れの様子が書かれています。狭い島内では陶軍のような大軍は動きづらく、混乱状態に陥りました。

形勢が不利になった陶晴賢は係留していた船で逃げることを考えて、島の西の大江浦《おおえのうら》という港に向かいます。しかし、船はそこにはありませんでした。村上海賊によって、あるいは暴風雨で破壊されてしまったのでしょうか。

追いこまれた陶晴賢は自害しました。

勝利した元就はさらに勢力を拡大し、中国地方一の戦国大名になっていきます。一方、陶晴賢は自害、大内氏は急速に衰退しました。のちに大内義長は自害させられ、大内氏は滅亡します。厳島の戦いが、それぞれの明暗を分けたといっても過言ではありません。

元就はなぜ、奇襲攻撃を10月1日にしたのか

台風が元就の奇襲攻撃の味方をしたのは単なる偶然だったのでしょうか？　元就はこの時期に天気が荒れることを知っていて、好機を狙っていたのでしょうか？　あるいは、情報網を張りめぐらせていて、厳島より先に天気が変わる地域から、暴風雨の知らせを受けていた可能性もあります。

知将として知られる元就であれば、嵐の〝サイン〟に気づいていたかもしれません。

海では台風が近づく前から波が高くなります。高波（波浪）には、その場で吹く風による「風浪《ふうろう》」と、台風などの影響で離れた海域から伝わってくる「うねり」があり、両者は波長や周期が違います。海を熟知して水先案内人として収入を得ていた村上海賊の中には、うねりが届き始めた段階で次第に天気が荒れることを察知した人がいたのではないかと想像が膨らみます。

そもそも奇襲攻撃を10月1日にした理由は、**前夜が新月だったからという可能性があります。**台風が来なくて晴れていたとしても、闇夜だったので、敵に気づかれないように厳島に上陸するには適していたのです。この点からも、**元就あるいは村上海賊の天気や天体への関心の高さ**を感じます。

一方で、陶晴賢が天気にもっと意識を向けていて、その〝サイン〟に気づけていたら、歴史は変わっていたかもしれません。

台風はもともと「大風」

台風の歴史をひもとくと、**平安時代の『源氏物語』や『枕草子』に「野分《のわき》」**という言葉が使われています。野の草を分ける強い風ということで、現在の台風にあたると考えられます。

明治時代まで強風のことを「颶風《ぐふう》」と表現していました。日常用語としては「大風(おおかぜ・たいふう)」が一般的だったようです。**明治時代末に、のちの中央気象台長で〝気象学の父〟と称される岡田武松が「颱《たい》風《ふう》」と学術的に定義**し、1946(昭和21)年に当用漢字が定められて「台風」になりました。

「猛烈な」「非常に強い」など台風の強さを表す表現、「超大型」「大型」という台風の大きさを表す表現の基準は、どちらも風です。

台風というと風だけでなく雨も強まりますが、背景を知ると、昔から台風といえば、強い風のことだったからかもしれないと推察できます。

Castle

厳島の戦いの舞台、宮尾城《みやのおじょう》

広島県の厳島にある宮尾城。主郭は要害山の山頂です。高所の間に築かれた堀切の上には、今は橋が架けられています。建物などはのこっていませんが、石垣の遺構がありました。苔《こけ》むした石を見ると、合戦のときも観光地になってからも、じっと佇んでずっと厳島を見守っているんだろうと想像が膨らんで、厳島を取り巻く環境の変化に思いを馳せました。

陶晴賢が本陣を置いた勝山城《かつやまじょう》(厳島城)

もともと大内氏の勝山館があり、陶晴賢が厳島の戦いのときに最初に本陣を置いたといわれているお城です。多宝塔のすぐ近くに、石碑があります。

陶晴賢はその後、宮尾城を包囲するために、塔の岡に本陣を移しました。

豊臣秀吉

梅雨を利用して、「水で守られた城」を「水攻め」に

【備中高松城の戦い】

備中高松城《びっちゅうたかまつじょう》

国指定史跡

岡山県岡山市北区高松 558-2

JR 備中高松駅から徒歩約 10 分

秀吉は城攻めの名人

お城をめぐっていると、色々な守りの工夫を発見できます。城攻めは野戦と違って、相手が守りの工夫を凝らしたところへ攻めていかなければなりません。

かの豊臣秀吉は城攻めの名人で、難攻不落といわれたお城もあの手この手で落としました。

例えば、小谷城《おだにじょう》を攻めたときは敵の浅井長政《あざいながまさ》の家臣たちを数多く寝返らせる戦略を使い、浅井家の重臣や支城の城主も味方につけました。鳥取城と三木城《みきじょう》は、厳重な包囲網を敷いてお城に食糧が入らないようにすることで、相手を弱める兵糧《ひょうろう》攻《ぜ》めをしています。兵糧攻めをされた城内は人の肉を食べたのではないかというほど悲惨な状況になり、「鳥取城の渇《かつ》え殺し」「三木城の干《ほ》し殺し（干《ひ》殺し）」といわれています。

中でも秀吉のターニングポイントとなったのが、1582（天正10）年に行われた「備中高松城《びっちゅうたかまつじょう》の戦い」です。数多《あまた》ある戦国時代の戦の中でも、奇策を用いて勝利したことで知られています。

その奇策とは、現代の私たちにも馴染みがある季節現象を使ったものでした。

毛利氏の防衛の要、備中高松城を落とせ！

天下統一を目指す織田信長に命じられて、中国地方の毛利氏を攻めていた秀吉。

毛利氏の防衛ラインだったのが「境目七城《さかいめしちじょう》」といわれた、岡山県にある7つのお城です。その要は主城の備中高松城で、城主は毛利家の家臣・清水宗治《しみずむねはる》でした。

備中高松城を守っていたのは3000～5000人といわれ、秀吉の軍勢は2万人（宇喜多軍を加えると総勢3万人）で攻めているので、圧倒的な兵力の差があります。数字だけ見ると、余裕で勝てそうです。

しかし、そう簡単にはいきませんでした。

軍師・黒田官兵衛の助言

備中高松城は、自然の要害を生かして守りを固めたお城です。

足守川《あしもりがわ》に沿っていて、残りの三方は山に囲まれています。**水が溜まりやすい低湿地にあり、お城の周りは水でじめじめした土地で、泥深い田んぼや沼の中に築城された「沼城《ぬまじろ》」**でした。

人や馬がまともに歩けるのは田んぼの間にある細い道だけで、それ以外はひどくぬかるんでいるため、大勢で一気に攻めることができません。泥沼に足を取られてノロノロと進軍していたら、お城を守る側から絶好の的になります。水に守られている備中高松城は少数でも守りやすい、難攻不落の城だったのです。

しかし、強みというのは、見方を変えたら弱点になります。秀吉は、軍師・黒田官兵衛（孝高《よしたか》）からの助言を受けて、「水に守られた城」を「水を使って落とす」作戦を立てました。

たった12日間で、堤防が完成

低湿地という利点を逆手にとった奇策が、水攻めです。**備中高松城の周りに堤防を築き、水を溜めてお城を水没させる作戦**を立てました。

秀吉は1582（天正10）年5月7日に陣を移して、8日から堤防を作り始めたと考えられています。新暦で5月末。中国地方の梅雨入りの平年日が6月6日頃なので、**梅雨入り間近のタイミング**です。

ここから急ピッチで工事を進め、たった12日間で堤防を完成させたといわれます。梅雨の雨と足守川からの流れこみで備中高松城は浸水し、毛利氏の援軍が来ても手が出せない孤立状態になりました。食料は補給できず、井戸水は濁り、衛生環境は悪化し、城内の士気は下がっていたと思われます。

それでも備中高松城の城主・清水宗治はお城に籠り、両者の睨み合いが続きます。

そんな膠着状態が動いたのは、6月2日。明智光秀の謀反によって織田信長が自刃した、本能寺の変が起こったのです。知らせを受けた秀吉は一刻も早く戦いを終わらせるために、急いで毛利氏と和睦を結ぼうとします。6月4日、清水宗治は備中高松城内の人たちの命と引き換えに切腹し、戦いが終わりました。そして秀吉は主君・信長の仇を討つために京都へ向かう、中国大返しをしたのでした。ここから、秀吉の天下統一がスタートします。

水攻めという奇策が成功したのは、梅雨という季節現象のおかげです。仮に冬だったら、瀬戸内側の岡山県の降水量は少なく、うまくいかなかったかもしれません。**「五月雨《さみだれ》」という言葉は、旧暦の5月頃は長雨となること**を表し、戦国時代の人々も認識していました。毎年訪れる季節現象、雨（梅雨）の〝サイン〟を戦に生かす発想が、秀吉を天下人に導きました。

伊達政宗

梅雨末期特有の風の変化を捉えよ

【摺上原《すりあげはら》の戦い】

伊達政宗が逆転勝利

豊臣秀吉も徳川家康も一目置いたといわれる、戦国武将の伊達政宗。

戦国時代に奥州で勢力を拡大していた政宗にとって重要な戦いになったのが、1589(天正17)年の「摺《すり》上原《あげはら》の戦い」です。

福島県にある磐梯山《ばんだいさん》の麓《ふもと》で行われ、鎌倉時代から約400年にわたって会津を治めていた名家・蘆名氏の蘆名義広《あしなよしひろ》を倒しました。

この勝利によって、伊達政宗の奥州制覇が現実味を増します。

政宗は、限られた期間にみられる風の特徴を巧みに利用して、戦いを有利に運んだのです。

「今に風が変わる」と耐えた政宗

磐梯山を背に、東側に伊達軍、西側に蘆名軍が陣を敷いて、戦が始まりました。

実は、伊達政宗は戦の前から蘆名義広の家臣たちと接触し、寝返るように説得していたといいます。ということで、伊達軍は2万人以上、蘆名軍は約1万6000人でしたが、実際にはもっと大差で伊達軍の方が有利だったはずです。

それにもかかわらず、序盤は、蘆名軍が優勢になります。

原因は、強い西風です。伊達軍にとっては向かい風のため、土埃などでまともに目を開けられませんでした。

ただ、この状況は政宗にとって想定の範囲内。朝は西風が吹いて不利だけど、昼過ぎからは風向きが変わって東風が吹くから有利になる、と読んでいたのです。

予想通り、強かった西風がおさまり、次第に東風となりました。このタイミングを待っていた政宗は一気に攻めて、形勢が逆転します。蘆名軍は向かい風に変わって視界が悪くなる中で、伊達軍の総攻撃を受けて総崩れしました。

なぜ政宗は風向きの変化を読めたのでしょうか？

梅雨前線が北にあると、風向きが「西から東」に変わる

戦いが起こった1589（天正17）年6月5日は、新暦で1589年7月17日。東北南部の梅雨明けの平年日は7月24日頃なので、梅雨末期でした。

同じ時期の類似例を探したところ、2011（平成23）年7月30日は、戦場に近い福島県の若松や猪苗代《いなわしろ》で、風向きが西から東に変わっていました。この日、梅雨前線が福島県のすぐ北に位置していました。

一般的に、**梅雨前線がすぐ北にあって、その梅雨前線上を低気圧が進むとき、風向きが西から東に変わります。**逆に、**梅雨前線が南にあると、東から西に変わります。**

梅雨前線は西日本から北上していくので、**福島県のすぐ北に位置するのは梅雨末期です。**風向きが西から東に変わるのは、福島県にとっては、この時期の特徴といえます。摺上原の戦いの日も、梅雨前線が福

島県のすぐ北にあったのでしょう。

政宗は、蘆名軍から寝返った武将から風の情報を得たそうです。梅雨末期ならではの風の〝サイン〟に気づいて、「千載一遇のチャンス！」と捉えた可能性があります。

一方の蘆名氏は、約４００年も会津を治めていたため、長年の経験から梅雨の傾向は知っていたはずですが、梅雨末期というごく限られた期間の風向きの変化は気に留めていなかったのかもしれません。

梅雨末期の風の〝サイン〟を捉えて作戦に生かした政宗に、軍配が上がりました。

織田信長

荒天こそ、好機！
いかなる状況をも
味方につける

【桶狭間の戦い】
【長篠の戦い】

天気が転機になった信長

織田信長もまた、重要な局面で天気を味方につけて、勝利を摑みました。急な雷雨となった「桶狭間《おけはざま》の戦い」、梅雨なのに雨が降らなかった「長篠《ながしの》の戦い」——400年以上も前に、天気を予測していたのでしょうか？

「ゲリラ豪雨」が味方した、桶狭間の戦い

信長の天下取りの第一歩ともいえるのが、1560（永禄3）年、愛知県で行われた桶狭間の戦いです。大軍の今川義元に対して、信長は急な雷雨に乗じて少数で攻めて勝利したといわれます。

桶狭間の戦いの直前に天気が急変し、雨が激しく降り、強い風が吹いて、荒れた天気となったことが複数の史料に書かれています。雷も伴い、雷鳴が轟いていました。現代では「ゲリラ豪雨」や「ゲリラ雷雨」といわれるような状況ではないかと思います。

『織田軍記』には「敵の為には逆風《むかいかぜ》、味方は後《うしろ》より吹く風なり」と記載されていて、**今川軍には向かい風、織田軍には追い風だった**ようです。今川軍にとっては、正面から強い風に乗った雨粒が打ちつけていたと考えられます。雨だけでなく、氷の粒である雹《ひょう》も降っていたかもしれません。向かい風の今川軍は、状況を把握するのが困難だったはずです。

現代の技術でも、予測が難しい

「ゲリラ豪雨（雷雨）」は、気象用語ではありません。突発的で局地的な大雨を、軍事用語のゲリラにたとえた表現で、急な雷雨や集中豪雨のことを指しています。

原因は、気温が上昇したり、上空に寒気が流れこんだりすることです。地上と上空の気温差が大きいほど大気の状態が不安定になり、急な雷雨をもたらす積乱雲が発達しやすくなります。

桶狭間の戦いが起こった１５６０（永禄3）年5月19日は、新暦で１５６０年6月12日です。東海地方の梅雨入りの平年日が6月6日頃なので梅雨の時期ですが、『武功夜話《ぶこうやわ》』（現代語訳）に「程なく目も眩《くら》むばかりの暑さ」とあるように、**決戦の日は梅雨の晴れ間だった**ようです。

梅雨の晴れ間は気温が上がることが多く、桶狭間の戦いの日も厳しい暑さでした。**気温の上昇は、午後から急な雷雨になる〝サイン〟**です。これに気がついた信長は、戦の時間を午後にずらしたかもしれません。

ただ、急な雷雨は今の技術でも正確に予想することが難しく、〝サイン〟が出ていても雨が降らないこともあります。局地的な現象なので、例えば東京都千代田区は大雨でも、隣の中央区は晴れていることがあるのです。結果的に急な雷雨は信長に味方しましたが、命運を賭けるにはあまりに不確実です。

実は信長は、偵察などによって徹底した情報収集をしていたそうです。また、戦いの舞台になった桶狭間は、信長がよく知る場所という点も、有利でした。事前準備を万端にして、天気に関係なく、勝てる戦に臨んでいました。それに加えて、**急な雷雨が味方をした**のだと私は思います。

梅雨どきの長篠の戦い――火縄銃は「雨が大敵」だが……

火縄銃の登場により、天気が一層重要になりました。

戦のときに雨が降って火縄が濡れてしまうと、火がつかなくて発砲できないからです。火縄銃用の雨よけはあったそうですが、それでも雨には向かない武器でした。また、移動中に大雨に遭遇すると火薬がしけて、使えなくなるおそれがあります。

長篠の戦いは、織田信長と徳川家康の連合軍が、大量の火縄銃を使って武田勝頼に勝利したことで知られます。武田軍も火縄銃を持っていましたが、火縄銃と銃弾の数は、織田・徳川連合軍が圧倒的に多かったそうです。

しかし、戦いが起こったのは梅雨の時期でした。信長は、火縄銃の大敵である雨が降らないことを予想していたのでしょうか？

「空梅雨」が、味方した

愛知県で長篠の戦いが行われたのは、1575（天正3）年5月21日、新暦で1575年6月29日です。

「梅雨末期」といわれる6月末から7月頃は大雨になることが多く、気象予報士が特に警戒する時期です。

例えば、2017年の「平成29年7月九州北部豪雨」では福岡県と大分県で40人が亡くなり、2018年の「平成30年7月豪雨」は、「西日本豪雨」ともいわれ、200人以上が亡くなりました。2020年には九州の筑後川《ちくごがわ》や球磨川《くまがわ》、岐阜県の飛騨川《ひだがわ》など大きな川が多数氾濫した「令和2年7月豪雨」が発生しています。

これらはすべて、梅雨末期の大雨です。

なぜ大雨になりやすいのでしょうか？　それは梅雨末期になると、太平洋高気圧の張り出しが強まって、太平洋高気圧の周辺から暖かく湿った空気が流れこみやすくなり、梅雨前線の活動が活発になるからです。同じ場所で次々に積乱雲が発達して連なり、線状降水帯が発生した事例も多いです。

また、7月からは台風が日本に襲来しやすい時期に入るので、梅雨前線と台風によって大雨になることもあります。

本来、火縄銃には不向きな時期ですが、**長篠の戦いが行われた1575（天正3）年は、空梅雨《からつゆ》だった**のではないでしょうか。それというのも、『多聞院日記』には、「祈雨」という言葉が何度も出てきます。空梅雨とは、梅雨なのに雨の日が非常に少なく、降水量も少ない場合を指します。2023（令和5）年の梅雨は太平洋側で平年より降水量が少なく、東京は7月7日頃から連日のように晴れて記録的な空梅雨でした。原因は、太平洋高気圧に覆われたことです。空梅雨になるときは、早くから太平洋高気圧の勢力が強いケースが多く、「晴れて暑い」という真夏のような天気が続くときが、その〝サイン〟です。

信長は、そうした空梅雨の〝サイン〟に気づいたから、火縄銃の大量使用を決断したのかもしれません。織田軍が戦場の設楽原《したらがはら》に向かっている間は雨が降ることがほぼなく、戦の当日も雨は降りませんでした。

結果的に空梅雨が信長の味方をしましたが、絶対に雨が降らないという確信はなかったはずです。ここでもどうやら信長は、火縄銃が使えなくても勝てる作戦を考えていたようなのです。

火縄銃がなくても大丈夫！　強力な秘策を用意

長篠の戦いといえば火縄銃が有名ですが、「馬防柵《ばぼうさく》」も重要な役割を果たしました。丸太を縦と横に組み合わせて縄で縛った柵です。現在は、戦が行われた愛知県新城市《しんしろ》の設楽原に再現されています。

馬防柵は文字通り〝馬〟が来るのを〝防〟ぐ〝柵〟です。人の侵入も防ぎますが、馬の動きを妨害するのに効果的な障害物で、騎馬隊での攻撃を得意とする武田軍への対策です。丸太でできた三重の柵に加えて、手前に流れる連吾川《れんごがわ》はお堀の代わりとなり、「お城」といっても過言ではないほどの防御力でした。武田軍はなかなか突破できず、織田・徳川連合軍は安心して火縄銃を撃つことができたのです。

また、織田・徳川連合軍は大軍で、武田軍との兵力差が大きかったことも重要な点です。

もし雨が降って火縄銃が使えなくても、「馬防柵と大軍という作戦で、勝てる」と踏んでいたのだと思います。

天気頼みではないが、「荒天は好機」

振り返ると、天気に恵まれて勝利してきた信長ですが、気象予報士の視点で考えれば考えるほど、信長の戦は天気頼みではなかったと思えます。むしろ、**天気がどうであっても勝てるように企てていた**ようです。

そのうえで、「天気も戦に重要な情報」として、その〝サイン〟を、判断材料にしていたのではないでしょうか。

「天気頼み」ではない信長ですが、「荒天は好機」と心得ていたようです。

1573(天正元)年に浅井長政《あざいながまさ》・朝倉義景《あさくらよしかげ》と戦っていたときは、雨も風も強い嵐のような天気の中、滋賀県にある大嶽砦《おおづくとりで》(大嶽城)に奇襲をかけました。大嶽砦を守っていた朝倉軍は、まさかこんな嵐の日に攻められるとは思っておらず、敗走したといいます。

大嶽砦が陥落したことを機に朝倉義景は撤退を決めます。信長は朝倉軍を徹底的に追撃し、ついに朝倉氏を滅ぼします。その後、浅井氏も滅ぼして、さらに勢力を広げました。

あらゆる状況を味方につける――織田信長は、やはり天才肌の武将です。

対談

千田嘉博×久保井朝美

第4章 「天気」が分かれば、城あるきはもっと面白い！

千田嘉博

城郭考古学者。大阪大学博士（文学）。
名古屋市立大学高等教育院教授・
奈良大学特別教授。

久保井朝美

気象予報士・防災士。

撮影・畠中和久

当たり前なのに、新しい

千田　「天気で城を読み解く」——今までになかった新しい城の見方。すばらしいですね。

久保井　ありがとうございます。自分の専門である天気という視点からお城が分かると、さらにお城をめぐるのが面白くなって……。知って見に行くのと、知らずに見に行くのとでは、楽しさが違います。

千田　本当にそうですよね。一般的な城の見方というのは、「地形をうまく利用した土塁だ」とか、「天守が立派だ」などという視点が多いでしょう。でもよく考えてみると、どんな城でも「天気を味方につけられるかどうか」、あるいは攻め手からすると「天気をうまく使って攻め落とせるか」ということが、合戦の鍵になっているものが多いはず。気象予報士の久保井さんなら、歴史の研究者では気がつかない視点をお持ちです。そこから分かる、歴史やお城の姿があると実感しています。

城の本当の敵は、雨⁉

久保井　「名城に名水あり」とよくいわれますが、それと紙一重なのが「水害」の危険性です。そのために各城の雨対策があるのだと、私自身も発見の連続です。

千田　戦国の城は、土造りの城がほとんどです。戦国時代に関東を制した北条氏の武士たちが定めた城掟を見ると、「雨が降ったときは、注意して警備の巡回を行うように」と命じています。「ぬかるむので、土塁を崩さぬよう気をつけなさい」というようなことも記されています。台風などの自然災害で崩れることが多々あったのでしょう。そこに敵がつけこんで、攻めてくる可能性だってあります。だから、「何はさておき、城壁の復旧をせよ。非番の侍も集めて全員で直せ。妻子を動員しても、なお苦しからず」とまで書いてあるんです（この段落「」内、いずれも意訳）。

久保井　北条氏は、壊れやすいところが分かっていたのでしょうか。

千田　はい。発掘調査をすると、一つの平らな曲輪でも、ある部分は山を削って平らに、ある部分は、谷を人工的に盛り土にして平らにするなど、各所で地盤が異なることが分かります。「ここは崩れやすい」など、日ごろから把握していたと思います。

久保井　お城の成り立ちが分かっていたから、どこに気をつけるべきかが分かっていたんですね。

あと、石垣にとっても「雨」って大敵ですよね。お城の最大の敵は、「敵兵」ではなく、「水」なのではないかとさえ思います。

千田　おっしゃるとおりで、現代でも、石垣の維持管理で大きな問題となっているのが「雨」なんです。雨対策がうまくいかなくて石垣が崩れるケースが多々あります。久保井さんには釈迦に説法ですが、年間雨量がそこまで多くないから「雨対策なんて適当でいいわ」なんて言っていると、台風が来たときに軒並み崩れてしまう危険性があるわけです。

久保井　お城は、敵を阻む石垣や土塁に加えて、天気への対策も、「ここまでやるの!?」というくらい、防御が必要ですね。

千田　はい。楽観主義の殿さまより、悲観主義の殿さまの方が、いい城がつくれたと思います（笑）。

火縄銃だって、雨が大敵！

千田　また、火縄銃にとっても雨は大敵です。戦のさなかに雨が降ってくると、攻め手側は銃が発射できなくなります。一方で、守り側は城を隠れ蓑に発射ができる。雨を制すれば、戦えるわけです。

久保井　鉄砲狭間《てっぽうざま》や石落としがあるおかげですね。

千田　はい。雨の日には、守り側が圧倒的に有利です。

ところで銃といえば、教えていただきたいことがあります。**姫路城**の武具掛《ぶぐか》けって、武具は人の頭の位置にあるのですが、火縄を掛けて保管した火縄掛けは、大人でも手が届かない位置に掛けられているんです。これって、湿度に差が生じるからなのでしょうか。

久保井　その可能性はあると思います。暖かい空気は上、冷たい空気は下に行く性質があります。部屋の中で水蒸気量は同じなので、温度が高い部屋の上部の方が「湿度が低く」、温度が低い部屋の下部の方が「湿度が高く」なるんです。しけるのを防ぐために、できるだけ上の方に火縄を置いたのかもしれません。

千田　昔の人の知恵ですね。

雨を利用した城

千田　「城の敵は雨」と申しましたが、一方で、「雨水の利用」に注力した城もあります。**高知県の岡豊城**《おこうじょう》の発掘でとても面白いものが見つかっています。山城なのですが、堀の底に井戸があるんです。

久保井　山城だから、空堀ですよね。

千田　そう。その堀の底に、深い穴が掘られていたんです。「これ、どうするんだろう」と思っていたのですが、よく考えると、堀の中に流れこんだ雨水を、効率的に集める工夫なのでしょう。籠城戦などいざというときには、沸騰していろいろなことに用いたり、降ってきた雨をも無駄にしない、そういう意識を感じます。

あと、今も立派な石垣が残る**佐賀県の獅子城**《ししがじょう》は、岩盤の山に築かれています。城内には石丁場《いしちょうば》があって地産地消の城であり、崖上にあるので守りがいい。ところが岩山だから、水には苦労したのでしょう。湧水も期待できません。そのため、曲輪面の岩を削って溝を造り、集水する工夫が施されているんです。排水というより、集水。やはり籠城の際、水がないと大問題ですから。

久保井　岩山は石を調達する手間も時間も省けるので、山城でも石を多用して石垣や石段が築けます。すなわち、お城づくりに向いている印象がありましたが、水では大変苦労したのですね。

千田　雨水の利用といえば、もう一城。江戸時代に真田家の居城となった**長野県の松代城**《まつしろじょう》は、千曲川《ちくまがわ》を背後の守りにしていました。一方で洪水被害が多く、毎年、本丸御殿が水に浸ったほどで

江戸時代に真田家の居城となった長野県の松代城にて。橋の下が水堀

した。そして、真田十万石の城下の町は、城よりも高いところに築かれていたんです。周囲の山々からの湧水は、武家屋敷の庭の池(泉水《せんすい》)に引きこまれ、リレーして城の堀に注ぎ、最後、千曲川に注いでいました。湧水を庭園の水として利用するところに、松代の文化度の高さを想います。

「雨落ち溝」が教えてくれた城の形

千田　久保井さんは、頻繁に日本各地の城を訪ねておられますが、雨の日も雪の日も通われていますよね。雨の日のお城って、いいですよねえ。

久保井　はい！　水堀に雨の波紋が重なる様など、雨の日ならではの光景も素敵です。

千田　雨の日にお城を見ると、「雨水が城の中をどう流れているか」が見えるじゃないですか。江戸時代までの城の建物には雨樋《あまどい》がついていないので、軒から直接、雨が下に落ちてきます。地面を見ると、それを受けるところに「雨落ち溝《あまおちみぞ》」が掘ってあるんです。これが考古学的に、とても重要で――。櫓や御殿でも、柱の位置までは発掘調査で判明するのですが、復元をするときに、屋根がどこまで出ていたのかなど分からない。だけど雨落ち溝が見つか

浜松城で発掘された、二の丸の雨落ち溝(提供・浜松市)

れば、その真上に軒が出ていたと、100パーセント確かに分かるわけです。

久保井 なるほど！ まるでタイムカプセルですね。

千田 **奈良の宇陀《うだ》松山城**や、**島根県の松江城、静岡県の浜松城**など、多くの城で、雨落ち溝が見つかっています。

久保井 先生のお仕事でも、「雨」を利用されることがあるんですね。現場のお話、大変興味深いです。

海鼠壁の美しさと機能性

久保井 雪も、お城には大敵ですね。寒さ対策も必須です。その点、**金沢城**などでは、海鼠壁《なまこかべ》が採用されています。機能的でありながら美しさも兼ね備え……。「こんなきれいなものをありがとう」と思わず言いたくなります。

千田 前田家の領内で鉛がたくさんとれたので、海鼠壁にじゃんじゃん利用するぞという思惑もあったんですよね。軍事物資の平和利用ということかもしれません。それで、金沢城の「美」が生まれた。

ちなみに漆喰というのは、メンテナンスが難しいそうです。金沢城でも、春先に毎年、漆喰壁の部分をメンテナンスしています。ただし、海鼠壁があるところは剝がれ落ちず、無事だそうです。

久保井 そう考えると、海鼠壁って、効果が絶大なのですね。

千田 そう。海鼠壁が守ってくれているんです。

気候変動から、城をどう守るか
――現代人と城の付き合い方

千田　ちなみにヨーロッパのお城というと、石づくりのイメージがあると思いますが、中世(11世紀ごろ)までは、日本と同じように木と土できていました。石の方が、雨にも強く、敵の攻撃にも耐えられるということから、ヨーロッパのお城は石づくりに変わっていったんです。日本で、石のお城が根付かなかったのは、地震に弱いからなのですが……。

久保井　やはり自然災害とお城は、密接に関わっているんですね。近年は2018年の西日本豪雨(平成30年7月豪雨)に伴うお城の被害など、気候変動でお城の崩壊が相次ぎ、心配です。

千田　そうなんです。土造りの城が、曲輪ごと滑落してしまっています。**新潟県の春日山城**も、**山梨県の岩殿城**、**香川県の丸亀城**も、曲輪や石垣が滑落し、400年もの間のこされていたものが一夜にして崩れてしまいました。歴史の証人である貴重な城を維

丸亀城の石垣。西日本豪雨で被災して復旧中

持するために、今まで以上の対策が求められる時代です。

久保井 築城当時は万全を期して建てられても、何百年も風雨にさらされているわけですしね。また気候変動により、現代の雨の降り方や量が当時の想定を超えてしまっていると思います。

城ファンの増加で、楽しみ方も多彩

久保井 ちなみに近年、お城の発掘調査が格段に増えたと感じています。お城ファンの増加、ということも背景にありますでしょうか。

千田 大いにあると思います。昭和の時代は、史実に基づかずに「天守を建てておけばよい」というような復元ブームが起こりましたが、今や、それを市民が許さなくなりました。行政側も、その動きを加速させ、滋賀県では**安土城天主**の発掘調査が17年ぶりに始まりました。「本能寺の変」の直後に焼失した部分なのですが、天主の一部は信長が金庫として使用していたんです。どんなものが見つかるか、楽しみです。

あと、久保井さんの地元・**岡崎城**の清海堀《せいかいぼり》の、本格的な発掘調

岡崎城の廊下橋と清海堀

安土城天主(東側)の礎石。礎石の傾きから、本能寺の変の際に、天守が焼け落ちた方向が分かった

査もしてほしいです。この巨大な堀にかかる石の橋！　今は人が通れないのですが、歴史的な橋を体感できるようにしてほしくて。あの橋が直接、天守と馬出《うまだし》（城の入り口に設けられた防御設備）を繋いでいたから、岡崎城は天守から直接出陣できた、「超・攻撃的な城」と分かります。

久保井　家康にはあまりそういうイメージがなかったのですが、お城の構造に、城主の「真の」性格が垣間見えますね……。

千田　ええ。家康の「真の」性格は、「鳴かぬなら　鳴くまで待とう　ホトトギス」ではない。「鳴かぬなら　殺してしまえ　ホトトギス」ですよ（笑）。ああ、怖い。

久保井　その様が、ＶＲでも見られるようになるとよいですね。

千田　ＶＲ！　いいですね。ぜひ久保井さんから説得いただけると嬉しいです（笑）。

久保井　いろいろな方がお城を楽しむことができるようになれば、その数だけ、新発見が生まれそうです。

千田　その通り。そのためには、エレベーターの設置や、視覚や聴覚に障がいがある方にも城の構造が分かる模型の設置など、バリアフリー化も進めなければなりません。

本書をご覧になった方が、今度は、「私の視点で、私の楽しみ方をすればよいのだ」と思っていただけたら、城と、それを取り巻く環境は、いっそう豊かなものになると思います。

久保井　責任重大ですね。今日はありがとうございました。

おわりに

令和6年能登半島地震で被災されたみなさまに、心よりお見舞い申し上げます。1日も早い復旧・復興をお祈り申し上げます。

「天気を制する者は戦を制する」――もし、私が戦国時代に生まれていたら、天気を駆使して策を練る軍師か、お城をデザインする築城家になりたいです。

実は、天気予報で使われている「天気図」が作られるきっかけになったのは、「戦」です。

最初は、1853年に開戦したクリミア戦争でのことでした。ロシアと戦っていたイギリスとフランスの連合艦隊が暴風雨で大打撃を受けました。のちにフランス政府の調査によって、低気圧が原因であり、低気圧は移動することが分かりました。天気を読むことの重要性を実感したフランス政府は、クリミア戦争の終結から7年後、日々の天気図を公開し始めたのです。

一方、1941(昭和16)年に太平洋戦争が始まってからは、日本で天気予報が発表されなくなりました。敵に天気予報を利用させないため、軍事機密として扱われたからです。国民に天気予報が伝えられないことにより、荒れた天気に備えられず被害が出るという事態が発生。特に、1942(昭和17)年に長崎県に上陸した台風では1000人以上が亡くなりました。

今では、当たり前のように災害への備えとして使われている天気図や天気予報は、戦をきっかけに生まれて発展したのです。

この本では、気象予報士としての視点で、色々なお城を読み解いてきました。

みなさんにお伝えしたかったのは、さまざまな視点を持つことで、お城めぐりや歴史の楽しみ方が広がるということです。

例えば、第2章「美しきかな！　城で楽しむ絶景」でご紹介した、雲海（霧）との競演で生まれる「天空の城」。

「天気」の視点で見ると、「どうして雲海ができるのか？」と考えるようになります。メカニズムが分かると、「霧が出る〝サイン〟に気がつけば、戦に使えるのではないか？」といった想像も膨らみます。

ほかにも、私が大切にしているのが「お城に行くときは攻める気持ち、帰るときは守る気持ちで臨む」という視点です。当時の人の気持ちになりきってお城をめぐると、胸が高鳴ります。

なんとなく曲がっていた道が、敵を迎え撃つための死角をつくっていたり、天守は高い場所にあるという認識を逆手にとって、敵を欺くために天守に向かう道を下り坂にしていたり、今まで見向きもしなかった点に着目できるのです。

誰かとお城の話をするときにも、持っている知識をただ披露するより、独自の視点で気づいたことを伝える方が盛り上がります。どんな視点で楽しむかは自由です。たくさんの視点を持ってお城に出かけると、より楽しめるでしょう。

第3章「天気を読んだ名将」では、天気の〝サイン〟を捉え、戦を勝利に導いた名将たちを紹介しました。何気ない〝サイン〟に気づくか、素通りしてしまうかで明暗が分かれるのは、戦だけでなく、現代にも通じることです。

新型コロナウイルス感染症が出始めたころ、いち早く感染拡大の危険性を感じて役員報酬をカットすることでコロナ禍を切り抜けた企業があるなど、先手を打てたか否かで明暗が分かれました。地球温暖化やグローバル化など環境変化が加速度的に進む状況下で、〝サイン〟に気づけるかは、一層重要になってくると思います。

初めての本を執筆するにあたり、多くの方にお力添えいただきました。

尊敬する城郭考古学者の千田嘉博先生との対談が叶い、大変光栄でした。

お城は昔の人たちの知恵が詰まった財産だと再認識しました。未来に繋げていくために、私たち現代人ができることを考える必要があると感じています。

千田嘉博先生、誠にありがとうございました。

赤木野々花さんには、お城初心者の目線でご意見をいただきました。

気象予報士の森田正光さん、森朗さん、饒村曜《にょうむらよう》さん、斎藤義雄さん、片山由紀子さん、芦原瑞文《あしはらみずふみ》さん、アドバイスをいただきありがとうございました。

イラストレーターの伊野孝行さん、デザイナーのわたなべひろこさんのおかげで、印象的な表紙をはじめ、楽しく読みやすい本ができました。ＰＨＰエディターズ・グループの日岡和美さん、私が発信したいことを効果的に伝えるにはどうしたらよいのか、常に向き合って一緒に考えていただき、大変感謝しております。

この本を手に取ってくださったみなさま。最後まで読んでいただき、どうもありがとうございます。お城に行きたい、実物を見たいと感じていただけたら、とても嬉しいです。

何百年も前に生きていた人たちが全力でつくり上げたものを体感することができる。お城は本当に魅力的です。そして、視点が増えることで得られる楽しみが増えるというのは、お城に限ったことではないと思います。同じ景色を見ていても、人によって異なる感想を持つように、１００人いれば１００通りの捉え方があります。たくさんの視点があることを意識すれば、少し誰かを思いやったり、理解したりすることにも繋がるのではないでしょうか。

「視点が増えれば、人生が豊かになる」――大げさかもしれませんが、執筆を通して感じるようになりました。

この本が、あなたの視点を増やすきっかけになれば幸いです。

令和６年１月　岡崎城から徒歩５分の実家にて　久保井朝美

《参考文献》

※各自治体、各城郭等の公式サイトのほかに、参考にした書籍や新聞記事等

- 田中石灰工業株式会社公式サイト
- 尚古集成館公式サイト
- 碇屋漆器店公式サイト
- 朝日新聞（2022年4月26日付）「『ようやく戻ってきてくれた』漆黒の岡山城、雄姿再び」
- 日本気象学会「瀬戸内海の濃霧と海難」（野口篤美）
- 「国宝松本城を世界遺産に」推進実行委員会公式サイト掲載「城下町探訪34　食違・丁字路・鍵の手」（2009年11月19日付）
- 滋賀彦根新聞（2017年9月7日付）「彦根城の着見台の石垣上部に修理の形跡 調査で明らかに」
- いと重菓舗公式サイト
- 『城郭考古学の冒険』千田嘉博著（幻冬舎）
- 『古記録による16世紀の天候記録』水越允治編（東京堂出版）
- 『気候で読み解く人物列伝　日本史編』田家 康著（日本経済新聞出版）
- 『棚守房顕覚書』福田直記著（宮島町／1975年）
- 『物語日本史大系 第7巻』早稲田大学出版部編（1928年）
- 『武功夜話 前野家文書 現代語訳 信長編』加来耕三著（新人物往来社／1992年）
- 『多聞院日記 第2巻』英 俊著、辻善之助編（角川書店／1967年）
- 「日本の暦日データベース」（国立天文台）

久保井 朝美 ― 気象予報士・防災士 ―

1988年愛知県名古屋市生まれ、岡崎市育ち。慶應義塾大学文学部卒業後、長野放送でアナウンサーとして活動。2015年に気象予報士の資格を取得し、ウェザーマップに所属。NHK総合「サタデーウオッチ9」の気象キャスターを務め、コーナー最後の「天気×城」の紹介が人気に。NHK総合「日本最強の城スペシャル」にも出演。

装丁・本文デザイン ―― わたなべひろこ
表紙・本文絵 ―― 伊野孝行
DTP ―― システムタンク（野中 賢・安田浩也）
校正 ―― 麦秋アートセンター
編集 ―― 日岡和美

城好き気象予報士とめぐる名城37
天気が変えた戦国・近世の城

2024年3月5日　第1版第1刷発行

著　者　久保井 朝美
発行者　岡　修平
発行所　株式会社ＰＨＰエディターズ・グループ
〒135-0061 江東区豊洲5-6-52
☎ 03-6204-2931
https://www.peg.co.jp/
発売元　株式会社ＰＨＰ研究所
東京本部　〒135-8137 江東区豊洲5-6-52
普及部　☎ 03-3520-9630
京都本部　〒601-8411 京都市南区西九条北ノ内町11
PHP INTERFACE　https://www.php.co.jp/
印刷所
製本所　図書印刷株式会社

ISBN 978-4-569-85649-0